Editora responsável: Ana Perkusich
Revisão ortográfica Português / Orientação histórico-geográfica: Danijela Pavičić
Capa/ Diagramação: Danijela Pavičić

Dados Internacionais de Catalogação na Publicação (CIP)
(Câmara Brasileira do Livro, SP, Brasil)

Perkusich, Ana.
   Vindas e Idas: uma viagem pela Croácia
Resgatando a história de uma família / Ana Perkusich. —— Arujá, SP, Ed. da Autora, 2022.

ISBN 9798373947282

1. Croácia – Brasil – História 2. Famílias – Brasil – História 3. Genealogia 4. Imigrantes croatas – Brasil – História 5. Imigração croata – Brasil – História I. Título

Índice para catálogo sistemático:

1 Famílias: Biografia 920

Aline Graziele Benitez – Bibliotecária – CRB-1/3129

IN MEMORIAM AO BOŽIDAR EVALETIN PERKUŠIĆ

IN MEMORIAM À ANGELINA KATAFAJ PERKUSICH

Para meus filhos, com todo meu amor,

Hailé e Bianca, e minha neta Manuella Zlata.

Para meus amigos Kalil, em árabe amigo íntimo, e Magide, em grego a gloriosa.

Que me inspiraram a escrever estas poucas páginas sobre a Croácia e minha família.

Aos meus velhos e novos amigos.

ÍNDICE

INTRODUÇÃO
PARTE I
A história dos avós maternos da nossa família
A história de Ana Fila
A história de Nikola Katafaj

PARTE II
▶ **A Viagem**
Desembarque em Zagreb
Primeiro destino: Split e a visita ao Palácio de Dioclecisiano
Dubrovnik, a perola do mar Adriático
Em direção à cidade de Imotski e o encontro emocionante com a família

▶ **Imotski**
História, geografia e turismo – uma visita mais cativante do que outra

▶ **Um pouco sobre meu pai**

▶ **Continuando a viagem**
A volta à cidade de Split
Chegada à capital da Croácia, Zagreb
O passeio histórico facinante por Zagreb

CONCLUSÃO

BIBLIOGRAFIA

CAMPOS DE LAVANDA - ILHA DE HVAR

VELHA OLIVEIRA - ILHA DE HVAR

Iniciarei com a frase de um indiano desconhecido:

"Esta vida não passa de um instante, nesta grande jornada de nosso espírito imortal."

INTRODUÇÃO

Não importa em quais lugares deste planeta estejamos vivendo, o que importa é não perdermos de vista nossas verdadeiras origens, nossas raízes, o início de nossa história neste plano chamado Planeta Terra. Nunca é tarde para nos preocuparmos com essa questão, não importa em que dado momento de nossas vidas nos encontremos, num instante somente tentemos olhar para trás e desvendar quem somos.

Quando penso neste país que ora vivemos, e imagino o que os verdadeiros habitantes, as tribos indígenas, passaram quando o homem branco dito "civilizado" chegou por estas paragens, não com o intuito de construir uma nação, mas com o objetivo de explorar, expropriar e espoliar as riquezas da terra, abusando da ingenuidade, aniquilando e castrando o nativo povo indígena, e depois raptando, escravizando e traficando o povo negro de outro continente, explorando-o de todas as formas mais vis imagináveis possíveis, imagino que tipo de nação poderia surgir, que tipo de povo esse homem branco dito "civilizado" seria capaz de formar?

Somos todos estrangeiros nestas terras.

Somos todos devedores de dignidade e respeito ao povo indígena e negro, o primeiro por ser o verdadeiro dono desta terra, o segundo, vítima de rapto em seu continente de origem, para exploração e posterior abandono, após a "libertação".

E assim se fez o Brasil.

Foi então que, para conhecer a história do país de origem de meu pai e concomitantemente a região de origem de meus avós maternos, com o intuito de não perder o vínculo com as minhas origens e para passar às futuras gerações da minha família e aos amigos, iniciei estes escritos.

Minha inspiração para escrever esta história partiu de uma viagem que fiz à Croácia, país de origem de meu pai Boris, o qual nasceu na Dalmácia. Na época de seu nascimento a Croácia fazia parte do reino dos Sérvios, Croatas e Eslovenos. Bem como a região de origem de meus avós maternos, Nikola Katafaj e Ana Fila, na época em que viveram na Croácia fazia parte do Império Austro Húngaro.

Esta viagem ocorreu entre meados de setembro e início de outubro de 2008, quando meu irmão aproveitando o ensejo em participar de um Congresso na cidade de Split, Dalmácia, convidou-me para acompanhá-lo.

Apesar de ocorridos cinquenta anos de minha vida para acontecer esta viagem, em 2008 foi um presente maravilhoso, e quando a oportunidade surgiu, creio que aproveitei da melhor forma possível para poder relatar todas as emoções, os lugares e as pessoas que conheci.

Esta história toda começou bem antes, por volta do ano 2000 quando meu filho Hailé decidiu fazer uma pesquisa sobre a família, pois era de seu interesse adquirir a cidadania europeia.

Após pesquisas realizadas em direção aos parentescos de meus avós maternos, e não conseguindo progressos nessa área, direcionou então suas pesquisas para o meu lado paterno.

Na Internet, depois de muita pesquisa, localizou o primo Mirko Perkušić, o qual mora em Imotski, no interior da Dalmácia, mesmo lugar onde meu pai nasceu. Mirko providenciou a documentação necessária, isto por volta do ano 2002, e assim, com a certidão de nascimento de papai em mãos, após todas as tramitações burocráticas junto ao Consulado da Croácia em São Paulo, Hailé conseguiu, em 2004, sua cidadania croata. E em 2008 sua irmã Bianca também obteve a referida cidadania.

A República da Croácia entrou para a União Europeia em meados de 2013, portanto meus filhos obtiveram livre acesso aos países europeus, abrindo assim um leque de possibilidades muito grande para ambos, em relação aos aspectos cultural, social e econômico de suas vidas.

Espero sinceramente que o Arquiteto do Universo seja generoso para com eles, pois são merecedores das coisas maravilhosas que o Universo possa oferecer-lhes, por serem boas pessoas e filhos, e apesar dos encontros e desencontros e das dificuldades em todos os sentidos que nós três enfrentamos, desde sempre, desejo que seus caminhos estejam abertos em rumo à felicidade, que as forças do bem iluminem seus corações, protegendo-os do mal e dos maldosos deste mundo, e que seus sonhos sejam realizados.

Entretanto deixemos as divagações para depois. Meu objetivo maior é o de deixar para meus filhos e futuros netos, também aos velhos amigos e quem sabe novos amigos este momento especial desta viagem, e resgatar a história da minha família registrando-a para que não se perca no tempo com a vinda das novas gerações.

É também uma homenagem que faço ao meu querido pai, o qual quando contava as histórias que viveu na Croácia e de sua família, o fazia com muita emoção e ternas saudades. Também para homenagear os meus avós maternos e todos os ancestrais que viveram e que ainda vivem na Croácia ou Europa.

Fiz algumas pesquisas de forma resumida das questões históricas, geográficas, culturais, sociais e políticas, dos lugares por onde passei e da Croácia de modo geral. Muitas pessoas ainda tem dúvidas sobre esta região e sua história, espero desta feita ajudar a esclarecê-las.

Com certeza não daria para, em meras páginas tão simplórias, resumir a história milenar desse país chamado Croácia, palco de guerras, de perdas e conquistas, corredor de ligação entre o Ocidente e o Oriente.

Espero sinceramente que todos gostem da leitura e conheçam um pedacinho da Europa através de meus relatos e pesquisas, o qual tem uma história milenar e muito dinâmica, até hoje em pleno século XXI.

Antes de tudo vamos primeiramente conhecer o alfabeto croata para facilitar o entendimento e a pronúncia das palavras e nomes croatas que surgirão durante estes escritos.

Oficialmente o idioma croata usa o alfabeto latino, porém o alfabeto possui algumas letras próprias, também usadas em alguns outros países eslavos.

A = a (som aberto e não nasal)	**L = l** (mesmo em final de palavra)
B = b	**Lj = lh**
C = ts	**M = m**
Č = tch (som mais forte)	**N = n**
Ć = tch (som mais suave)	**Nj = nh**
D = d	**O = o** (som mais fechado)
Đ = dj (som mais suave)	**P = p**
Dž = dj (som mais forte)	**R = r** (bem sonoro)
E = e (som mais fechado)	**S = s** (mesmo entre vogais)
F = f	**Š = ch**
G = g (mesmo seguido das vogais e, i)	**T = t**
H = agá aspirado tal qual em inglês, alemão	**U = u**
I = i	**V = v**
J = ii	**Z = z**
K = c (mesmo seguido das vogais e, i)	**Ž = j**

Também uma peculiaridade do idioma croata, é que a grande maioria das palavras tem o acento tônico na primeira sílaba, salvo palavras de origem estrangeira ou algumas derivações próprias, como justapostas, formação de alguns femininos a partir de masculinos, declinações, entre outras.

PARTE I
História dos avós maternos da minha família

Ana Fila e Nikola Katafaj, plantando na cidade de Suzano, em São Paulo

A história de meus avós maternos é bem diferente em relação à do meu pai, o qual foi um refugiado da Segunda Guerra Mundial.

Eles vieram com suas famílias, como imigrantes, para trabalhar nas fazendas cafeeiras do estado de São Paulo. Assim, em sua Terra natal eram proprietários, enquanto aqui passaram a ser empregados.

É importante salientar que a saída de meus avós do país não foi por opção, mas por necessidade de sobrevivência, pois na época ocorreu uma grande depressão econômica e social não só na Croácia como também na maior parte dos países europeus, devido a Primeira Guerra Mundial e as consequências que ela trouxe para todos, tanto fisica, territorial, economica, quanto pscicologicamente. E que muitos croatas eram contra a implantação do Regime Comunista, o qual significou não só a perda de sua Pátria Amada, mas a de muitos entes queridos e de seus bens, pois a maioria saiu de lá com aquilo apenas que poderia levar, e muitos só com uma pequena mala.

Com meus avós já erradicados no Brasil e a deflagração da Segunda Guerra Mundial, apesar da distância, eles também sofreram as consequências desta guerra.

Esta história familiar com certeza é bastante interessante e complexa, já que envolve vários momentos históricos e rupturas políticas que a região viveu, não só no século XX, com sua história bastante conturbada e sangrenta, mas também um conjunto de histórias seculares.

A história de Ana Fila

Ana Fila com 32 anos e aos 80 anos

Minha avó Ana Fila, nasceu em 24 de julho de 1902, na cidade de Banja Luka, na Bósnia. Sua mãe Katarina, de provável origem polonesa, seu pai Karol, que de acordo com a minha mãe, foi preso durante a Primeira Guerra Mundial, provavelmente por lutar do lado Austro-Húngaro. Quando essa guerra começou minha avó tinha apenas 12 anos.

Vovó Ana Fila já com 20 anos, juntamente com seus pais Karlo e Katarina, seu primeiro marido Petar, duas filhas Milka e Juzefka, aventuraram-se para o Brasil por causa das grandes dificuldades pós-Primeira Guerra Mundial, guerra esta que ocorreu de 1914 à 1918.

De acordo com os relatos de minha mãe, vieram pela primeira vez em torno de 1922, porém ainda estou pesquisando sobre esse assunto, através das Listas de Bordo dos navios que atracaram no Porto da cidade de Santos, São Paulo, listas estas às quais estão digitalizadas no site do Museu da Imigração. Entretanto não conseguiram se adaptar à lingua e aos costumes do Brasil, retornaram então para a Europa, provavelmente em torno de 1923. Chegando na Europa, meses depois, o marido da minha avó, Petar, ficou muito doente e veio a falecer. Minha avó então retornou em 1925 ao Brasil, desta vêz com seus irmãos Alberto, Anela, Emma e João, desembarcando no porto de Santos, São Paulo, em 26 de setembro de 1925, vindos no vapor "Cap. Polonio". Seus pais não quiseram voltar e ficaram na Croácia com as duas filhas de minha avó, Milka e Jošefka.

Ao chegarem ao Brasil, foram trabalhar primeiramente nas fazendas cafeeiras, entretanto como o trabalho ainda era semi-escravo, e devido à uma forte geada que assalou o interior prejudicando os cafezais, não conseguiram se adptar, e na primeira oportunidade que tiveram todos vieram para a cidade de São Paulo. Minha avó foi trabalhar como cozinheira em casa de família judaica, rica. E foi em São Paulo que ela conheceu meu avô Nikola, entre meados de 1928 à 1932, provavelmente no bairro da Mooca onde muitos imigrantes europeus residiam.

Uniram-se, e em 17 de abril de 1933 minha mãe Angelina nasceu no mesmo bairro. Quando completou cinco anos de idade mudaram-se para a cidade de Suzano, São Paulo.

Muitas vezes fico pensando em como minha avó Ana Fila foi muito corajosa em se aventurar por duas vezes, para terras tão distantes, conhecendo apenas o idioma de sua terra natal. E na segunda vez que retornou ao Brasil, com certeza foi ainda mais corajosa, deixando suas duas filhas e seus pais para reiniciar uma nova vida neste país, construindo uma nova família e sendo desde sempre uma grande lutadora e trabalhadora honesta.

Sobre os irmãos de minha avó as informações que tenho estão bastante confusas, começando por Alberto, pesquisando no site da FamilySearch, na sua ficha de Registro de Estrangeiros, seu nome aparece como Antonio, e pai como Alberto e mãe como Catarina, o qual nasceu em 19 de maio de 1906, na cidade de Banja Luka, na Bósnia, e consta que imigrou em 26 de setembro de 1925, desembarcando no Porto da cidade de Santos, São Paulo. Apesar de algumas coincidências, não sei dizer se essa ficha realmente é a dele.

Na ficha de minha avó, no verso, consta a mesma data de desembarque, 26 de setembro de 1925, o que coincide com a ficha dele. O nome da mãe dele, Catarina, na ficha de minha avó está Katarina, e coincidentemente são da mesma cidade e país. Entretanto, na ficha de Anela, a outra irmã de minha avó, consta o registro de desembarque na data de 03 de setembro de 1925, então como pode ser se vieram todos juntos? Poderíamos supôr que esta data do dia estaria incorreta, enquanto que na ficha de João, o outro irmão de minha avó, não consta a informação de desembarque, e finalizando não encontrei a ficha da Emma, a outra irmã, então fiquei na dúvida. Mas, de acordo com o que minha mãe contou, Alberto casou-se com Marina Françosa, brasileira, do Rio Grande do Sul, e não sabemos se tiveram filhos.

Anela, chamavam-na de Angelina, nasceu também em Banja Luka, mas não tenho a data de seu nascimento, casou-se com Nicolau Maibrada de origem polonesa, infelizmente não tenho mais informações sobre ele, tiveram dois filhos, João, que ficou morando na cidade de São Paulo, e Leone, o qual foi residir em Recife, capital de Pernambuco.

João nasceu em 19 de fevereiro de 1911, também em Banja Luka, Bósnia, casou-se com Maria Cibulka, que nasceu em 08 de setembro de 1911, na cidade de Feričanci, antiga Iugoslávia, tiveram uma filha, Catarina, à qual casou-se com Antenor Bonotto e tiveram dois filhos Ivan e Ivani, e moravam no bairro da Vila Formosa, na cidade de São Paulo. Catarina e Antenor foram meus padrinhos de batismo.

Quanto à Emma, infelizmente não tenho nenhuma informação sobre ela, apenas me lembro de quando criança ter ido à sua casa e que ela morava com os filhos, na cidade de Poá, vizinha de Suzano, cidade onde morávamos.

Quando meus avós eram vivos, alguns familiares nos visitavam com mais frequência e vice versa, como por exemplo o tio Toma, irmão de meu avô, a tia Anna, filha de meu avô, a tia Maria ou Lela, filha de meu avô, e o tio João, irmão de minha avó. Poucas vezes e vagamente lembro dos demais. Nenhum deles retornou à sua terra natal, e com o tempo, após o falecimento de meus avós, a família dispersou-se, deixando de ter notícias uns dos outros.

Minhas tias ainda pequenas, Milka e Juzefka, filhas de Ana Fila, que foram para a Polônia com meus bisavós

Tia Angelina, irmã de minha avó, vovó e suas duas filhas

Ana Fila, Angelina e Nikola Katafaj

Meus bisavós e tias – as duas filhas de Ana Fila que ficaram na Polônia já moças

Tia Milka, que veio nos visitar da Polônia, minha mãe Angelina, o pai Boris e vovó Ana Fila, na frente da velha igreja em Aparecida do Norte

A história de Nikola Katafaj

Meu avô Nikola Katafaj nasceu em 27 de março de 1897, na aldeia de Nikinci, município de Ruma, no distrito de Srijem, à qual atualmente pertence oficialmente à Província Autônoma de Vojvodina no norte, e fica na parte setentrional da Sérvia.

Nikinci é mencionada pela primeira vez na história em 1338, quando o rei da Hungria e da Croácia, Karlo Robert, doou a propriedade na parte baixa de Srijem ao eminente croata chamado Mikac. Havia também um pequeno assentamento, que foi então denominado "Mikinc" em homenagem ao novo proprietário. A partir deste nome, mais tarde, surgiu o nome Nikinci.

Os pais do avô Nikola eram Josip Katafaj e Marija Katafaj. Seu irmão Toma também veio para o Brasil, e o outro irmão Ivan ficou na Europa. Supõe-se que todos nasceram em Nikinci.

De acordo com a documentação que encontrei no site da FamilySearch, meu avô Nikola, sua esposa Ilona e seus dois filhos, na época Anna com cerca de 2 anos e maio e Nikola com cerca de 1 ano, desembarcaram na cidade do Rio de Janeiro, no porto de mesmo nome, em 14 de julho de 1924.

Parece-me que Ilona, a primeira esposa de meu avô, seria de origem húngara, entretanto não encontrei nenhuma documentação em seu nome, apenas nos Registros de Estrangeiros de seus filhos, Anna e Nikola, consta seu nome. Solicitei ao Cartório de Registros do bairro da Mooca, onde ela residiu com seus familiares, a sua certidão de óbito, mas não encontrei nenhum registro dela. Ela deu a luz à sua terceira filha Maria, apelidada de Lela, na cidade de São Paulo, em 1928, e de acordo com o que minha mãe contou, logo depois ela veio a falecer, entretanto ela não sabia dizer quando, e por esse motivo fiz a busca de sua certidão de óbito.

Vovô Nikola Katafaj conheceu minha avó Ana Fila entre meados de 1928 à 1932, sendo que minha mãe Angelina nasceu em 1933. Moravam no bairro da Mooca, na cidade de São Paulo. Meu avô tinha um cortiço neste mesmo bairro. Ele e seu irmão Toma conseguiram se empregar na fábrica General Motors confeccionando carrocerias de madeira, pois eram formados em carpintaria, onde meu avô trabalhou apenas um mês, enquanto meu tio 30. Como meu avô não gostava de viver em cidade grande, vendeu seu cortiço e decidiu morar na cidade de Suzano, em torno de 1938, quando minha mãe tinha 5 e minha tia Maria 10 anos, ficando os dois filhos mais velhos Anna e Nikola morando, trabalhando e estudando na cidade de São Paulo.

Dos filhos de meu avô, Anna casou-se com Josef Zylberlicht, de origem polonesa-judaica, e tiveram dois filhos David e Hélio, moravam em São Paulo, e depois que meu tio adoeceu foram morar na ciadade de Santos, no litoral paulista.

E Nikola casou-se com Maria Walter, à qual nasceu na cidade de Kalma, na época Iugoslávia, tiveram duas filhas Marilena e Anemari e moravam em São Paulo.

Vovô Nikola Katafaj, à direita da foto, com seu irmão Toma, data provável 1930

Maria, a que veio morar em Suzano, casou-se com Alexandre Tomašović, que nasceu em Bratisava, Tchecoslováquia, tiveram dois filhos Paulo e Nicola, e residiram em Suzano.

Meu tio avô Toma casou-se com Marija Ambrogević, que nasceu em Rammas, Lituânia, e tiveram dois filhos Anna, à qual chamávamos de Anita, que se casou com

Sérgio Pratali e tiveram duas filhas Claudia e Márcia, e um filho Tomas, o qual casou-se com Audra Lúcia Antanaitis, que nasceu em Kaunas, Lituânia, e de acordo com algumas pesquisas que fiz, parece que tiveram dois filhos Maria Lucia e Tomas Paulo, entretanto, minha mãe nunca me disse quantos filhos tiveram. Algumas pesquisas que fiz com o sobrenome de Tomas, filho de Anna ou Anita, constatei que o sobrenome foi alterado de Katafaj para Catafay, o que tornou bem dificultosa a pesquisa. Tanto Anna ou Anita quanto o filho Tomaz e meu tio Toma e sua esposa Marija moravam no bairro do Brooklin, na cidade de São Paulo.

Em Suzano, meu avô foi caseiro em um sítio na estrada da Fazenda Viaduto, e quando já as duas meninas Maria e Angelina estavam mais moças, foram trabalhar numa fábrica têxtil próximo a estação de trem de Suzano.

Trabalhou nesse sítio na estrada Fazenda Viaduto desde 1938 e, em 1943, já se declarava proprietário de um sítio nessa cidade, hoje localizado no bairro Antonio Marques Figueira, próximo à Santa Casa de Misericórdia, que ficava bem mais próximo do centro da cidade. Dedicou-se ao plantio de eucaliptos, outras plantações como milho, batata doce, mandioca e hortaliças, criações de animais, galinhas e porcos. Construiu três casas e, com o passar dos anos, com o desenvolvimento da cidade e a velhice chegando, loteou o sitio e o vendeu, conseguindo um bom patrimônio o qual com sua morte foi dividido entre minha avó e seus filhos.

Quanto aos outros irmãos do meu avô que ficaram na Croácia, lá pelos idos anos 70 ou 80, não tenho bem certeza, parece que alguns vieram ao Brasil na casa de minha tia Anna, à qual morava no litoral, em Santos, São Paulo, e assim, depois desse fato nunca mais tive noticias de nenhum outro familiar.

Minha avó sempre dizia à minha mãe que a região onde vovô Nikola morava era conhecida como Os três corações do herói – Bačka, Banat e Srijem, onde ocorre o encontro dos rios Dunav, Sava e Drava. Ele não era muito de contar histórias, era sempre sisudo, de pouca conversa e quase nenhum sorriso, o que supúnhamos do motivo ser a saudade de sua terra, a qual também nunca mais pode retornar.

Quanto à minha avó, ela era mais amável e sorridente, mas também não falava muito de sua terra natal, apesar de preservar os costumes como a comida, era uma excelente cozinheira. A religião e a política para ambos era um tabu, enquanto que meu pai era mais ligado à religião católica e à política.

Mas quando encontravam seus familiares que moravam na cidade de São Paulo, as reuniões eram sempre de muita alegria. Que saudade!

Rio Dunav

Avô Nikola Katafaj, tia Ana, tio Bratsica - Nikola, avó Ana Fila, tia Lela e minha mãe Angelina com cinco anos, no sítio onde moravam em Suzano, São Paulo, por volta do ano de 1938

PARTE II

1. A Viagem

Como havia mencionado na introdução, a ideia deste livro nasceu com a viagem que fiz para a Croácia em 2008. Na época, não conhecíamos nenhum familiar croata do lado de meu pai, a não ser através de algumas fotos antigas, afinal, como mencionei, ele veio como refugiado de guerra. Assim, nessa viagem conhecemos muitos primos de idades variadas e de diversos lugares da Croácia, como Imotski, Zagreb, Split.

A tia Tonka irmã de meu pai, com 76 anos e seu marido Ante, com 80 anos à época desta viagem, que moram em Imotski. A tia Nevenka com 80 anos, esposa do falecido irmão de meu pai, Juri, a qual mora em Zagreb. Somente os primos que moram em Makarska não tivemos oportunidade de conhecer.

Foram momentos de alegria e muita emoção que mais adiante relatarei com mais detalhes.

Bem no início da viagem, serei franca, estava eu bem apreensiva, primeiramente por não ser muito afeta a viagens aéreas, por não falar inglês e lembrar bem pouco do croata, a língua croata de nossa raiz. Depois, pelo fato de ser a minha primeira viagem tão longa, para um lugar que só conhecia nas histórias de quando era criança, e finalmente por desvendar, desbravar o "desconhecido".

Foi bom conhecer as pessoas de lá, relembrar costumes esquecidos de quando éramos crianças e que se perderam ao longo do tempo, ver as paisagens lindas, maravilhosas, bem diferentes das do Brasil, algumas de tirar o fôlego.

Ter a terra croata sob meus pés e ver o azul do Mar Adriático tão falado e cantado apaixonadamente por meu pai.

Sentir os diferentes aromas do lugar, o vento trazido do mar, das montanhas, e que montanhas!

Descobrir que a flor pátria é a lavanda, e que nos jardins além de outras belas flores são cultivadas as ervas aromáticas, que dão um toque especial e mágico aos lugares, como o ružmarin, alecrim, o qual é comum na costa do mar Adriático.

Enfim, ter o privilégio de pisar em lugares históricos e seculares, fervilhado por mais de milhares de histórias, que mesmo e apesar dos bombardeios da última guerra, 1991 a1995, foram reconstruídos, não perdendo assim suas características originais, dando-nos a oportunidade de poder observar as diversidades arquitetônicas das dominações, dos Impérios e dos povos que lá viveram durante séculos.

E assim começa a minha viagem...

Após desembarcarmos em Zagreb, capital da Croácia, tomamos café, compramos água, meu irmão alugou um carro e com o mapa escrito em croata fomos para a rodovia federal A1 sem muitas dificuldades, pois as indicações estavam bem sinalizadas. Por essa rodovia chegaremos ao nosso primeiro destino, a cidade de Split, a qual fica cerca de 400 km da capital, no litoral da Dalmácia. Em Zagreb temos uma tia avó e primos, assim como em Split, mas nós os conhecemos bem depois.

Após rodarmos cerca de duas horas ou seja metade do nosso percurso, entre florestas de pinheiros e planícies verdejantes, paramos para almoçar num enorme restaurante à beira da estrada.

O restaurante é uma construção nova toda em pedras e madeira, bem rústico, e logo na entrada haviam vários animais empalhados, como um enorme urso e um grupo de outros animais jogando cartas. Então meu irmão e eu comentamos num tom de brincadeira que até os animais na Croácia são diferentes, pois jogam cartas e é natural empalhar animais, ou seja, exercer a arte da taxidermia, expô-los e vendê-los, como em muitos outros países.

Animais empalhados jogando cartas

No restaurante ninguém falava inglês e tivemos que nos virar, pois o cardápio também era em croata. Após muita dúvida e tentar nos comunicar com gestos, foi-nos servido um pedaço enorme de carne de porco, com uma porção gigante de purê de batata, e de sobremesa saboreamos o strudel de maçã. Curiosamente notamos que os croatas quase não usam açúcar, hábito bem diferente do brasileiro, mas no fim deu tudo certo, e é claro não conseguimos comer aquela "montanha" de purê.

Abastecemos o carro e voltamos à rodovia, pois não queríamos chegar muito tarde em Split, já que o nosso problema era ler o mapa e à noite teríamos com certeza maior dificuldade. Aliás a rodovia federal A1 é uma excelente rodovia, havia sido inaugurada há pouco tempo, e alguns trechos como próximo a túneis ainda estavam sendo terminados. Coisa de primeiro mundo, sim muito bem sinalizada e trechos com paredões enormes de pedra ou proteção em vidro para podermos ver a paisagem, e com toda a segurança para animais e motoristas.

Rodovia federal A1 e os muros de proteção

Possui também passarelas para os animais, respeitando seu trajeto migratório nas estações de migração, coisa que não vemos no Brasil. Os pedágios localizam-se nas entradas que dão acesso a outras cidades, então você não pára na rodovia como no Brasil, dificultando o tráfego.

Pouco a pouco a paisagem modificou-se e passamos a avistar altas montanhas ao fundo do horizonte. Assim, pela primeira vez, avistamos os imponentes Alpes Dináricos! Sob seus pés próximo à rodovia uma vegetação mais rasteira, entremeada por pedras, muitas pedras, o que nos causou a sensação de uma terra um tanto quanto rústica.

Ao final da tarde, já quase ao cair da noite, avistamos Split. Lá iríamos ficar alguns dias, pois, como mencionei, meu irmão Angelo iria participar de um Congresso, como coordenador da mesa de debates, além de apresentar também um trabalho.

Depois de nos perdermos na entrada da cidade de Split, pois meu irmão queria que eu olhasse o mapa e lesse o nome das ruas, imaginem em croata, e de rodarmos muito passando pelo mesmo lugar várias vezes, eu consegui deduzir que *ulica* significava rua. Mas, graças ao inglês dele e de encontrarmos um senhor que falava inglês, retomamos a estrada que nos levaria ao hotel, o qual fica numa cidade bem próxima de Split, chamada Podstrana.

Bem, chegando ao nosso destino, o hotel em que ficamos é lindo e enorme, o Meridien Lav, Leão do Mediterrâneo, cinco estrelas. Nunca pensei que eu colocaria meus pobres pés num hotel daqueles. Quando cheguei lá achei que era um sonho ou que estava embriagada e delirando, no entanto era tudo real e verdadeiro.

O hotel fica à beira mar, onde a piscina com suas águas azuis confundia-se no horizonte com o azul do mar Adriático. A praia é de cascalho como a maiorias das praias croatas, diferentemente das praias no Brasil, onde encontramos pedras apenas à beira de alguns rios. Realmente o mar é de um azul muito lindo e translúcido, talvez o mais próximo no Brasil seriam as águas de Porto de Galinhas, em Pernambuco.

O saguão de entrada é enorme. Do lado esquerdo há um bar onde são servidos drinks numa sala enorme, à qual dá acesso à uma varanda com mesas e cadeiras com vista para o Adriático. À frente há um grande salão de descanso, com poltronas que dão acesso a área de lazer externa, à direita o acesso a um enorme restaurante com dois níveis, e o acesso ao hall dos elevadores, bem como às salas para conferência e o cassino. Tudo muito bem decorado e de muito bom gosto. É realmente um lugar de sonho, como vocês poderão ver em algumas fotos.

Meridien Lav

Meridien Lav

Meridien Lav

Ao fundo Dinarsko gorje, a Cordilheira Dinárica

Já devidamente instalados no hotel, fomos descansar.

Noutro dia deu-se início ao Congresso e, após o café da manhã bastante farto e variado, acompanhei meu irmão à sala onde foram feitas as apresentações dos trabalhos e da qual ele era o coordenador. Claro que eu não entendi nada, pois falavam em inglês o tempo todo, além do fato de ser totalmente ignorante sobre os assuntos abordados, mas permaneci até o final.

Foi nesse momento que tive a certeza da capacidade e competência de meu irmão, ele realmente é uma pessoa muito inteligente na área em que trabalha, desenvolvendo suas capacidades altamente específicas naquilo que se predispôs a fazer em sua vida profissional, como meta de desenvolvimento e objetivo de vida.

Após o término dessa fase do congresso demos uma volta pelas redondezas do hotel. Visitamos a marina e a piscina, tiramos várias fotos, fomos à praia de cascalho e água gelada, em resumo o hotel, o lugar, o mar, deixaram-me apaixonada por serem tão lindos.

Decidimos passear aquela tarde em Split, e assim conhecemos o Palácio Diocleciano, onde nasceu a cidade. O palácio é enorme, magnífico, todas suas características seculares originais estão bem conservadas e estava sendo restaurado em muitos setores, pois sofreu alguns danos na última guerra de 1991. Após andarmos bastante, resolvemos entrar num restaurante para jantar, o qual tinha a vista para a praça principal e o porto onde ficam os navios e catamarans da Jadrolinija, uma companhia marítima que faz transporte entre a Croácia e a Itália, bem como pelas ilhas e litoral croata. Comemos um prato típico de peixes e frutos do mar, acompanhado por um bom vinho, sentindo aquela brisa suave e perfumada do mar Adriático. Foi muito lindo mesmo, mágico, especial, inesquecível.

Algumas fotos do Palácio Diocleciano, onde se destaca a arquitetura romana, a torre do Mausoléu de Diocleciano e na sua entrada colunas e esfinges trazidas do Egito.

Riva - calçadão frente à entrada do Palácio, junto ao mar Adriático

Cabe aqui falar um pouco sobre a culinária croata, sobre a qual o garçom nos explicou resumidamente. Ele nos disse muito amavelmente, que nas regiões do mar Adriático, mariscos, camarões, amêndoas, além de queijos e presunto defumado dominam o cardápio. Entre as especialidades estão o peixe grelhado, a sopa e salada de frutos do mar e o peixe guisado com arroz negro, pois a variedade de frutos do mar e peixes é grande no mar Adriático.

Perguntamos então o que os croatas comiam no interior, e ele nos respondeu que é comum saborearem frango ou pato servidos com linguiça defumada, pernil ou joelho de porco, além de costelas preparadas ao ar livre, acompanhadas de batata assada ou purê. Outras iguarias do país štrukle, enrolado de massa folhada com ricota, sarma, em português charuto, com repolho enrolado com carne moída, arroz, bacon, costela de porco, linguiça e temperado com páprica. Entre as sobremesas mais populares está a panqueca, palačinka, recheada com as mais diversas frutas, geleias e chocolates.

Voltamos ao hotel sem grandes dificuldades, agora era fácil, pois já sabíamos onde estávamos.

Pela manhã após o café, meu irmão foi participar dos debates em continuidade ao congresso, e eu fiquei descansando no quarto. Após o almoço fomos então novamente ao Palácio Diocleciano, acompanhados desta vez por um guia. E mais à noite, levaram-nos também a uma parte subterrânea que ainda estava sendo escavada e restaurada, pois foi soterrada devido aos bombardeios na última guerra de 1991.

Ocorreu também uma recepção com várias autoridades, bem como apresentações folclóricas de canto e dança com trajes típicos croatas, e um jantar à base de comida regional, regado a vinho e sucos variados, bem como sobremesas deliciosas, tudo muito bom mesmo e de muito bom gosto. Foi mais uma noite inesquecível.

A origem da cidade de Split está ligada à construção do Palácio de Diocleciano do ano de 295 a 305.

Palácio de Diocleciano, o coração de Split, é um dos monumentos mais bem preservados da arquitetura romana do mundo. Foi construído para o Imperador *romano* Caio Aurélio Valério Diocleciano, *como* fusão de uma luxuosa mansão e um acampamento militar romano. Está dividido em quatro partes por duas ruas principais. A parte sul do Palácio foi destinada ao imperador, para seus aposentos e cerimônias religiosas e estaduais. O Norte era para a guarda imperial, exército, servos e depósitos. O palácio é um edifício retangular com cerca de 215 x 180 metros, com quatro grandes torres nos cantos, portas em cada um dos quatro lados e quatro torres menores nas paredes. Ao longo dos séculos, os habitantes do palácio, e depois os cidadãos de Split, adaptaram esses espaços às suas necessidades. Assim, tanto os edifícios internos quanto as paredes externas com torres mudaram muito a aparência original. Mas os contornos do palácio imperial ainda são visíveis.

O palácio foi concebido como um retângulo na planta, mas a adaptação ao terreno impôs pequenos desvios. As paredes frontais do palácio nas partes inferiores são maciças e simples, sem aberturas, e nas partes superiores são dissolvidas por grandes janelas em arco. As paredes externas do palácio, exceto a ocidental, permaneceram em sua maior parte bem preservadas até hoje. Dezesseis torres nas paredes frontais voltadas para o continente conferem ao palácio o caráter de um forte. As quatro torres nos cantos são de planta quadrada. Duas das seis torres de traçado octogonal emolduravam três entradas de terra, seis torres de traçado retangular localizavam-se entre o canto e o octogonal. Até hoje, três torres de canto, exceto a sudoeste, e apenas os restos de outras octogonais e retangulares foram parcialmente preservados.

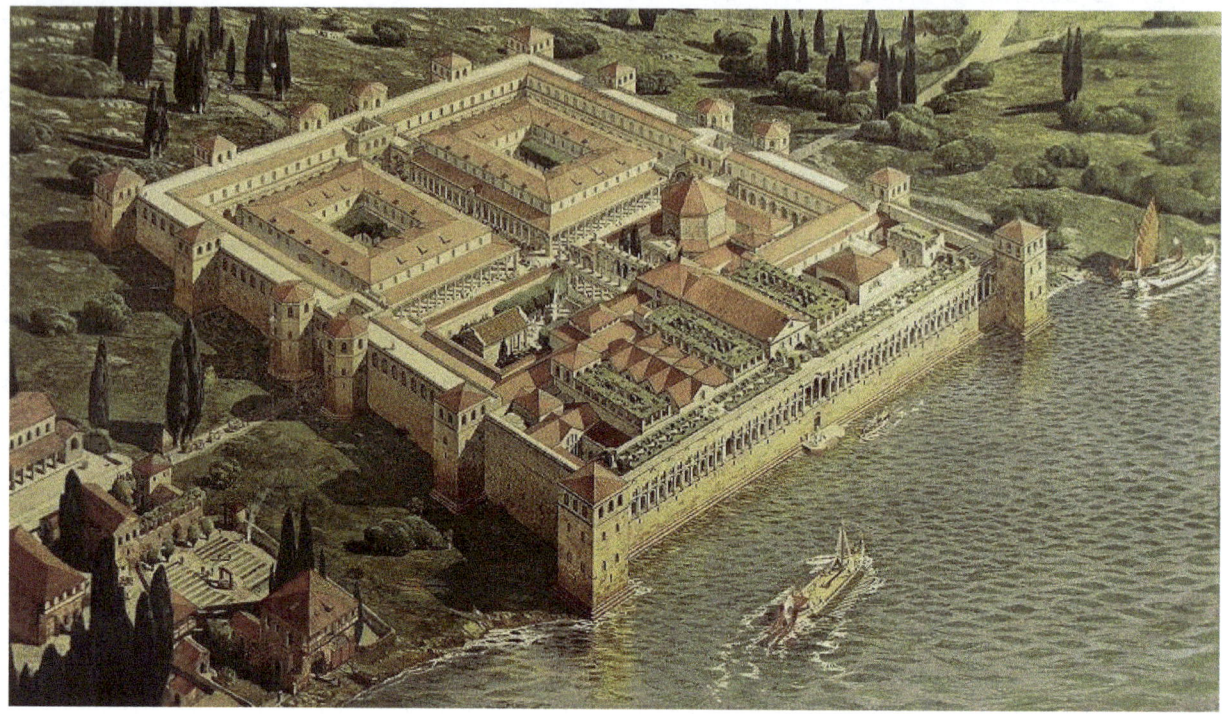

Uma reconstituição de como seria o palácio na época de seu auge

No dia seguinte fomos bem cedo ao catamaran da companhia Jadrolinija para conhecer a famosa cidade de Dubrovnik, considerada a perola do mar Adriático. Nisso o Congresso continuaria no embarcação.

Saímos do porto por volta das 9 horas e chegamos ao nosso destino por volta das 16 horas. Lá nos esperavam dois ônibus que nos levariam à fortaleza e depois nos trariam de volta, pois o catamaran zarparia à 0 hora para retornar à Split.

Cabe aqui um parênteses. Essas embarcações são muito grandes, na parte inferior levam carros, possuem várias cabines, têm decks de onde podíamos apreciar a paisagem, além de bar e restaurante, onde nos serviram um almoço muito bom e aproveitamos bastante, apesar do vento gelado e da garoa, já que o tempo havia mudado um pouco.

A paisagem é muito bonita quando navegamos pelo mar Adriático, observamos várias ilhas, grandes e pequenas, cidadezinhas encrustadas nas montanhas, praias, a grandiosidade das Cordilheiras Dináricas, aquelas montanhas rochosas que contornam a costa. Toda essa beleza fez com que viajasse em meus pensamentos, imaginando como teria sido tudo aquilo há centenas e milhares de anos atrás.

Em alguns momentos tive a sensação de que aquelas paisagens parecem ter sido intocadas pelo homem. Realmente meu coração ficou sinceramente tocado por tanta beleza. Aliás, a paisagem desde a saída de Split até a chegada a Dubrovnik é muito bonita, vale a pena o passeio.

Ponte estaiada na entrada do porto em Dubrovnik

Vista da muralha de Dubrovnik

Entrada principal do portão Vrata od Pile e uma das várias ruelas medievais

No porto em Dubrovnik havia vários transatlânticos enormes atracados, dentre outras embarcações, de várias nacionalidades e tamanhos, desde lanchas a iates enormes. A vista era linda, e o capitão da embarcação na qual estávamos fez um percurso do qual pudemos avistar bem de perto o forte de Dubrovnik, e quando adentramos à baia, vimos bem à nossa frente uma enorme ponte estaiada.

Dubrovnik é uma cidade no sul da Dalmácia, no sul da Croácia. Recebeu inicialmente o nome de Dubrava, pela floresta croata chamada šuma duba, o que significa floresta de carvalhos, e sua fundação possuiu diversas teorias e histórias.

É considerada a Pérola do Adriático croata, a Atenas eslava, é uma das cidades medievais mais antigas e importantes da Croácia, e é chamada de Stari Grad, cidade antiga, toda construída em pedra clara, inclusive a muralha a seu redor.

Pesquisas arqueológicas recentes confirmaram que o povoado no local da cidade Dubrovnik de hoje já existia no século VI, e provavelmente ainda antes. Espalhou-se com a chegada dos croatas, após deixar o antigo Epidauro, hoje Cavtat, no século VII.

O aumento do tráfego entre o leste e o oeste, durante e após a época das Cruzadas, encorajou no século XII e XIII o desenvolvimento de centros de comércio marítimo no Mediterrâneo e no Adriático, incluindo Dubrovnik. A libertação da influência veneziana, as quais Dubrovnik alcançou com a paz de Zadar em 1358, é crucial para seu futuro bem-sucedido desenvolvimento. Outras cidades da Dalmácia não tiveram sucesso, então no ano de 1420 definitivamente caíram sob o domínio da República de Veneza. Já durante os séculos XIV e XV, Dubrovnik está junto à Veneza e Ancona, o mais importante centro marítimo e comercial do Adriático. Por meio de contratos e compras, o povo de Dubrovnik expandiu seu território de Klek, no norte, até Sutorina, na entrada da baía de Kotor, junto com as ilhas de Mljet, Lastovo, Elafiti e Lokrum.

No século XV, foi totalmente construída a posição jurídica estadual da República de Dubrovnik, o que significa a escolha independente de príncipes e vereadores, a cunhagem do dinheiro e a bandeira estadual com a imagem de Santo Vlaho, legislação independente e o direito de abrir consulados no exterior. De acordo com a constituição aristocrática, a base do poder do estado era realizado pelo Grande conselho de nobres de Dubrovnik, o qual escolhe o Conselho dos peticionários e o Pequeno conselho como órgão executivo do Grande conselho. O príncipe era escolhido a cada mês, como um símbolo nominal de poder.

A era de ouro da República de Dubrovnik começa no século XVI, quando o esplendor e o poder da República de Veneza diminui. A base dessa prosperidade o faz o comércio marítimo. A Marinha mercante de Dubrovnik no século XVI, com sua qualidade e número de 180 a 200 navios alcança o nível mundial. Constroem-se navios cada vez maiores, do tipo galeão, caravela e nava de Dubrovnik, os quais fazem cada vez mais longas e perigosas viagens através do Mediterrâneo, do Mar Negro e do oceano até os portos do norte da Inglaterra e Alemanha, e navegavam também até a Índia e a América. O povo de Dubrovnik torna-se mundialmente famoso e procurado pelos transportadores de carga, com um muito diversificado negócio marítimo e comercial.

A crise marítima geral no Mediterrâneo no século XVII afetou também o comércio marítimo de Dubrovnik. O catastrófico terremoto de 1667 trouxe a República de Dubrovnik a um crítico período de luta pela sobrevivência e pela preservação política da independência. O século XVIII traz à Dubrovnik a oportunidade de renovação econômica no comércio marítimo sob uma bandeira neutra e dessa maneira recebe o rompimento de Napoleão da República de Dubrovnik em 1808.

Com o Congresso de Viena em 1815, a região de Dubrovnik é anexada ao resto da Dalmácia e da Croácia e, desde então, compartilham em comum o destino político.

Como proteção aos ataques inimigos, foi contruida uma muralha ao redor da cidade, chamada Gradske zidine s trvđavama, muralhas da cidade com as fortalezas, hoje uma grande atração aos visitantes, é um dos sistemas de fortificação mais bem preservado da Europa, com 1940 metros de comprimento e inclui cinco fortalezas e dezesseis torres e baluartes. Caminhando pelas muralhas de Dubrovnik, encontram-se algumas das imponentes fortalezas que serviram para defender a República de Dubrovnik. Das cinco fortalezas, três são parte integrante das muralhas da cidade, são elas, Minčeta, Bokar e Sv. Ivan, e duas estão separadas, Lovrijenac no oeste e Revelin no leste.

A República de Dubrovnik tinha apenas duas entradas para a cidade, Vrata od Ploče, o portão de Ploče e Vrata od Pile, o portão de Pila. Foi somente com a queda da República que a Áustria construiu uma terceira entrada no lado norte das muralhas, conhecida como Buža.

Vrata od Pile, pile é uma palavra de origem grega que sifgnifica portão, é a entrada da cidade pelo lado oeste das muralhas. A parte interna da porta foi feita em forma de arco gótico em 1460 e a sua parte externa foi construída em 1573, acima da qual encontra-se a estátua de Sv. Vlah, esculpida pelo famoso escultor croata Ivan Meštrović. No entanto, mais intrigante do que o santo padroeiro da cidade são as cabeças de pedra que estão sob sua estátua e acima dos próprios portões. Duas belas freiras estão esculpidas na pedra, e entre elas, um homem com barba.

Vrata od Ploče está localizada no lado leste das paredes e é feita da mesma forma que a Vrata od Pile, e consiste em uma ponte de pedra e madeira que era erguida todas as noites.

Outros pontos históricos que devem ser vistos em Dubrovnik são as igrejas Sv. Vlah, Sv. Spas, Sv. Dominik, a catedral de Dubrovnik Usnesenja Marije, da Assunção de Maria, as inúmeras praças históricas, a ilha Lokrum e a colina Srđ que se ergue acima de Dubrovnik, no lado norte em 413 metros e abriga a monumental Fortaleza Imperial, a qual foi construída em um local estratégico em 1810 durante a ocupação de Napoleão. Desta posição, os franceses controlavam as águas e o interior de Dubrovnik. Perto da fortaleza existe uma grande cruz de pedra, feita da famosa pedra de Brač, que foi doada a Dubrovnik em 1933 pela Arquidiocese de Brač e Hvar.

Retomando a nossa viagem, quando chegamos em Dubrovnik o tempo mudou. Já na viagem havia garoado e um vento bem frio surgiu, porém em Dubrovnik o vento ficou bem mais forte, e muito, muito mais frio. Estranhamos muito, pois até então o clima era bem agradável, já que estávamos no começo do outono. Sorte nossa de termos levado agasalho se não ficaríamos em maus lençóis, já que em Dubrovnik tudo era mais caro do que em Split, e tinha muitos turistas, muitos mesmo, de todas as partes do mundo.

Este vento chama-se Bura e vem do mar em direção ao continente. É frio e ensolarado e, quando dá de encontro com as imensas montanhas rochosas que fazem parte dos Alpes Dináricos, fica rodopiando, e a sensação é a de a pele estar sendo cortada por uma navalha.

Foi uma eternidade até a chegada do ônibus. Nós e uns italianos que também não aguentavam mais o vento, fomos os primeiros a entrar no ônibus. Não víamos a hora de chegar à embarcação.

Lá, acomodamo-nos finalmente para dormir, pois estávamos cansados. Foi um dia longo e cheio de novas descobertas e emoções. Pela manhã tomamos o café, e após o desembarque pegamos a estrada em direção à Imotski.

Meu irmão perguntou se eu gostaria de ir beirando a costa ou pelo interior, e é claro que preferi pela beira mar. E vejam só, após todos esses dias já estava lendo e até entendendo o nosso mapa em croata, afinal a necessidade é quem faz o homem acabar se virando, não importa em qual lugar ou situação esteja. Entretanto erramos a saída. Pegamos a auto-estrada pela qual viemos, a A1, mas conseguimos fazer um retorno, pegamos uma estradinha bem sinuosa beirando uma montanha, e apesar do meu irmão ter reclamado, retornamos a estrada a qual nos levava a Podstrana. É a estrada que vai à Dubrovnik, e assim, a certa altura começamos a subir aquelas imensas e majestosas montanhas rochosas em direção ao nosso novo destino.

Estas montanhas, como já disse anteriormente, fazem parte dos Alpes Dináricos, os quais são formados por puras rochas, além de pinheiros e arbustos. A paisagem é bem rústica, e é de tirar o fôlego.

Quase na metade da subida paramos num mirante para apreciar a paisagem e fotografar, pois a vista, é deslumbrante.

Vista do Adriático e das Montanhas

Meu irmão então me deu um susto, pois viu uns turistas na beira do penhasco e pulou até lá para fotografar, mas quando viu o tamanho do penhasco quase teve um surto, deu um grito e um pulo para trás, parecia um gato fugindo do balde de água fria, foi muito engraçado, eu e os turistas caímos na risada, e meu irmão nem chegou mais perto da beira, deixando com que eu me aproximasse do penhasco para tirar fotos.

Após as fotos prosseguimos a viagem. A estrada ficou mais sinuosa, sem gradil, e os penhascos cada vez mais ingrimes, e ao chegarmos ao topo, logo passamos para uma planície que fica entre montanhas rochosas, florestas de pinheiros e alguns vilarejos.

Vista do vale

Antes de continuarmos a viagem, faz-se necessário que conheçamos a história do lugar para o qual estamos indo, que é Imotski, com certeza o mais especial de todos que já fomos até agora. E não tenho duvidas este será único, pelo fato de nossa raiz familiar paterna estar lá arraigada, e por isso deve e merece, um conhecimento mais aprofundado.

Quem sabe possamos ter uma diretriz de como são nossos parentes atuais, que tem suas raízes fincadas num passado de histórias seculares, de perdas e conquistas, e que talvez nos norteiem para entendermos sobre este presente que ora vivemos, e quem sabe melhorarmos nosso futuro, como indivíduos únicos que na verdade pertencem a uma mesma família.

Estrada para Imotski

2. Imotski

Brazão da cidade

Imotski é uma antiga cidade localizada no sul da República da Croácia, no cruzamento de Dalmatinske Zagore, Zagore da Dalmácia, e a Bósnia e Herzegovina. Primeira vez é mencionada no ano de 950 na obra De administrando império, do imperador e historiador bizantino Constantino Porfirogênito e seu nome Imota, Emotha é de origem ilíria.

Imotski tem todas as características de uma cidade litorânea, graças principalmente ao clima e à arquitetura urbana do núcleo da antiga cidade. Casas de pedra, íngremes e estreitas ruas com degraus de pedra são testemunhos do outrora aspecto deste lugar cujo antigo núcleo também está protegido. Alguns edifícios com belas fachadas e cercas de ferro da era Art Nouveau, falam de correntes estilísticas as quais não passaram por este meio.

A Fortaleza de Topana domina a cidade, construída no século X, a qual ao longo da história teve um excepcional significado estratégico, e hoje é interessante para os visitantes por sua aparência preservada e mirantes na cidade, pelo estádio "Gospin dolac" e o lago Modro jezero, lago Azul. Na composição da fortaleza encontra-se também uma igrejinha votiva dedicada a Nossa Senhora dos Anjos, padroeira de Imotski. Nos arredores das muralhas, no verão desenrolam-se também algumas manifestações, e abaixo da fortaleza encontra-se também um monumento aos hrvatski branitelji, assim chamados protetores croatas, obra do escultor acadêmico Kruno Bošnjak. De Topana, descendo uma série de 92 escadas de pedra de Imotski, construídas no século XVIII, chegamos até a Imotskog trga, a Praça de Imotski, no qual está também um monumento ao grande poeta de Imostki, Tin Ujević.

Abaixo de Topana está também Modro jezero, um passeio popular e, nos meses de verão, também o principal balneário de Imotski. O povo lhe deu um nome por causa da cor azul de sua água. O Modro jezero tem a forma de um rim. Seu diâmetro mais longo é nordeste-sudoeste, cerca de 800 metros. Largura da placa é de 250 a 400 metros, e a profundidade varia, portanto, no inverno e na primavera, atinge cerca de 100 metros e, no início do outono, pode também secar. Até a sua límpida superfície da água conduzem rochosas serpentinas às quais foram construídas no ano de 1907.

Nas imediações, por volta de 1,5 km, encontra-se também o Crveno jezero, lago Vermelho, o mais profundo lago cársico da Europa, cuja profundidade de depressão é de 528 metros, e a profundidade da água atinge mais de 300 metros com o fundo o qual está abaixo do nível do mar.

Junto a esses lagos assim como a outros desenvolvidos na região de Imotski através do colapso de cavernas subaquáticas, estão conectadas muitas lendas e histórias, como a do arrogante Gavan ou Asanaginica, à qual é cantada em uma folclórica balada bem como traduzida na maioria das línguas mundiais. Segundo essa história, também o túmulo de Asanaginica localiza-se às margens do Modro jezero, bem no lugar onde hoje está o temático parque dedicado a esta balada.

Históricos artefatos da pré-história até hoje guardam-se no Museu da Pátria Natal e na coleção do museu do mosteiro Franciscano, bem como testemunham a respeito do longo e turbulento passado desta área, a qual desde sempre esteve no turbilhão do alvoroço histórico.

Imotski também é interessante pela localização e conexões de tráfego, o que a torna uma ideal base para férias anuais. A uma hora de carro está afastada de Međugorje e Mostar, na vizinha Bósnia e Herzegovina, a uma hora da antiga Split e graças ao túnel Sv. Ilija, apenas a meia hora de Makarska, o santuário Vepric e demais lugares na Riviera de Makarska.

Bem como, também em toda a região de Imotski tem locais dignos de atenção e admiração, como por exemplo, os três lagos em Lokvičići, Prološko blato, Badnjevice, Zeleno jezero, lápide de Stećak, poços e o sítio arqueológico marcado de Crkvine em Cista, a basílica em Zmijavci, a montanha Biokovo e ao seu sopé o Zagvozd, o rio Vrljika com suas nascentes e abismos, etc.

Estádio de futebol, cidade e vale

Construções típicas da região de Imotski

São vários os pontos turísticos de Imotski, desde a paisagem natural em si, com seu vale recortado pelas plantações dos fazendeiros e salpicado com seus vilarejos, contornado pelas majestosas montanhas rochosas.

As construções das casas que conservam a arquitetura medieval típica dos tempos de outrora e também das várias igrejas com estilos bem diversificados, os monumentos patrióticos em homenagem aos notáveis da cidade, suas poesias, lendas e histórias.

Fortaleza Topana e o vale de Imotski

Vista do Modro jezero e parte da cidade ao redor da fortaleza

Crveno jezero

Fortaleza Topana

Montanha Biokovo na primavera

Vista de Imotski

Avistamos finalmente Imotski, o lugar onde meu pai nasceu.

Foi mais uma vez emocionante, pois o vale é muito bonito, fértil e bastante extenso, e é uma vista que ficará marcada para sempre em minha lembrança.

Ao chegarmos na entrada da cidade rodamos um pouco, pois como quando partimos, perdemo-nos mais uma vez. Os habitantes da cidade e mais os do entorno que é basicamente rural, são cerca de 10.000, mas fazem piada dizendo que em Imotski existem mais veículos Mercedes do que habitantes, já que na Europa esse veículo é bem popular. Finalmente achamos o hotel Venezia, onde nos hospedamos, o qual fica à beira de um penhasco, e também é uma construção nova.

No hotel ninguém falava inglês, mas graças ao meu filho Hailé, que baixou da internet um dicionário da língua croata, e aos meus treinos e o que havia aprendido quando criança, apesar da precariedade de comunicação, consegui-me entender com a recepcionista.

Fomos para o quarto. Chegando lá a cama era de casal, então desci para a recepção e, depois de me explicar através de algumas palavras e de mímica, troquei por outro quarto com duas camas de solteiro. Meu irmão queixou-se que o quarto era bem menor do que o outro, mas quando viu a vista da varanda encantou-se, pois era linda, e via-se o vale todo com as montanhas contornando e a saída para a fronteira com a Bósnia e Herzegovina, e afinal ficaríamos pouco no hotel, pois o objetivo era encontrar a família.

Angelo, meu irmão, conseguiu falar por telefone com o primo Mirko Perkušić, através de um número que o Hailé havia lhe fornecido. Mirko pediu para que fossemos encontrá-lo no centro da cidade, mas retornou logo em seguida dizendo que iria nos encontrar na frente do hotel. Pensei, que bom! Afinal nem conhecemos o local.

Não demorou muito e Mirko chegou, e meu irmão conversou com ele em inglês. Mirko, na época, tinha por volta de 40 anos, e é filho do Marko Perkušić, o qual em nossa breve estada não o conhecemos. Como eu não falo inglês fiquei com cara de paisagem - papai sempre falou: estuda mais, filha! Agora tenho a certeza do quão é importante saber outro idioma.

Em seguida chegou um outro primo, Ivan Golub, com a sua esposa Tanja, mas ambos não falavam inglês, e as duas filhas Maša, na época com cerca de 20 anos, e a Marjana, com cerca de 10 anos, e elas falavam inglês. Ivan é filho da tia Tonka, e tinha cerca de 50 anos. Depois de nos conhecermos, fomos todos para a casa da tia Tonka, à qual tem mais dois filhos Ivana e Ante, mas nem eles conhecemos desta vez.

Chegando lá, conhecemos a tia Tonka, que é a irmã de meu pai, a única viva dos irmãos, tinha naquela época cerca de 76 anos, e seu marido Ante, com 80 anos, ambos não falavam inglês. Quando nos viram abraçaram-nos e choraram como crianças, foi emocionante!

Chegaram também os primos de Split, que haviam ido ao hotel em Podstrana, mas já havíamos ido embora, por isso desencontramo-nos. Porem deduziram que tínhamos ido para Imotski. Conhecemos Ivica, que tinha cerca de 60 anos, e que tem algumas características físicas parecidas com as do meu pai. Mirko Karin, filho da Tonka, tinha cerca de 50 anos, e sua esposa Željka que tinha cerca de 40 anos, sua filha Tonka, nome dado em homenagemà minha tia avó, tinha cerca de 10 anos, e Borna, nome dado em homenagem ao meu pai, tinha cerca de 7 anos. Ficaram todos visivelmente emocionados, tanto que até choraram, e foi muita alegria mesmo.

Após uma breve conversa, levaram-nos, os primos Ivica, Ivan e os dois Mirko, para nosso primeiro passeio, adivinhem aonde? Ao cemitério. Claro, os croatas são um povo católico e praticante, e imaginaram que gostaríamos conhecer os túmulos de familiares, e chegando lá além dos túmulos conhecemos uma das igrejas mais antigas de Imotski, Crkva Sveti Luka, igreja de São Lucas. Nos fundos do cemitério tem um morro com aquela vegetação típica de arbustos, além de pedra sobre pedra, aliás as construções no lugar são todas de pedra - casas, telhados, muros, igrejas, túmulos, escadarias, ruas, poucas construções com telhas de barro vimos em Imotski.

Retomando, um dos primos, Ivica, contou-nos que naqueles morros meu pai caçava coelhos com o outro primo Marko, o qual mora na casa na qual meu pai nasceu. Eles eram muito apegados, foram criados juntos e Marko até hoje fala de meu pai e sente muitas saudades chegando a chorar de tristeza, disse-o meu primo.

No começo da rua que dá entrada ao cemitério, beirando a estrada, fica a casa de minha avó Ana Dodig, desde a sua morte a casa está abandonada, e na qual meu pai chegou a morar quando jovem. Todos ficam muito tristes com esta recordação, explicam que ela morreu chorando e chamando pelo nome de meu pai, ele era o "queridinho" dela, aliás depois descobrimos que era de todos. Esse lugar que visitamos chama-se Kamenmost ou Kamen Most segundo o linguista croata Mate Šimundić, disseram que se quisermos morar lá, reformariam a casa para nós - é um caso a se pensar.

Fomos conhecer a casa, que fica num outro vilarejo chamado Drum, não longe dali, e chegando lá fomos recebidos por Marko, aquele primo de meu pai, que tinha cerca de 81 anos. Se meu pai estivesse vivo seria um ano mais velho. A esposa de Marko também estava lá, mas foi tanta emoção que não conseguimos guardar o nome dela, ficamos com um nó na garganta e os olhos marejados de lágrimas.

Marko nos abraçava e chorava emocionadamente, quase desmaiou duas vezes, ficamos preocupados com ele, pois disseram-lhe que estávamos indo para a Croácia e ele passou a noite em claro de tanta ansiedade em nos conhecer. Mostrou fotos de meu pai, fotos de quando éramos crianças que meu pai mandou para ele, disse que eu era muito parecida com a avó Ana Dodig, e que o meu irmão Angelo era a cara do meu pai.

Chegou um dos filhos dele, a nora e duas filhas, dos quais não recordo os nomes, pois falavam tanto, choravam tanto, que eu e meu irmão ficamos até zonzos com tantas emoções, além do fato da conversa ser em croata, depois traduzida para o inglês pelos primos, e o meu irmão Angelo me contar em português, podem imaginar a confusão. Finalmente, depois da despedida, fomos para o sitio do Ivan, que se localiza próximo, e onde nossos tios e as primas nos aguardavam com um almoço.

O sítio do primo Ivan é bem grande, tem plantação de videiras, da qual ele produz cerca de 300 litros de vinho ao ano para consumo da família. Cada primo tem sua plantação e assim todos o fazem, também tem macieiras, ameixeiras, produzem seu próprio suco, figos dos quais preparam figos secos, doces como mel, bem como as amêndoas, queijos também produzidos por eles, e aquele caríssimo presunto de Parma, em croata chamado Pršut, o qual aliás é uma das heranças culinárias romanas que foi absorvida pela culinária croata.

Ao entrarmos na casa, fomos recebidos com todas essas iguarias. A casa tem uma enorme cozinha, com um enorme fogão a lenha, no qual assavam carne com batatas. Ficamos todos sentados na cozinha ao redor de uma mesa também enorme, comendo, bebendo, conversando, então chegou uma outra prima, Mara ou Marica, também filha de Tonka, e o seu marido Mladen. Eles têm três filhos Ana, Tina e Ante, mas nós conhecemos apenas Ante.

Ao anoitecer os primos de Split despediram-se, pois tinham que trabalhar no dia seguinte. Forneceram seus números telefônicos e combinamos de encontrá-los em Split no dia seguinte que seria segunda-feira, e assim ainda permanecemos com os outros até a meia noite.

De todo esse momento o que tenho a dizer é que foi muito, muito bom mesmo, já que recordei de quando éramos crianças, de meu pai, meus avós e tios ainda vivos, de nossos primos e da família se reunindo em datas importantes e nos confraternizando com alegria, e com eles e entre eles não era diferente, aquele burburinho de emoções, aquela troca de curiosidades uns sobre os outros, do que vivem, como estão e são suas vidas, seus afazeres, seu dia-a-dia, a troca de histórias e recordações que estão gravadas na memória de todos da família.

Acreditem se quiser, mas consegui me comunicar em croata com a prima Mara, porque ela é professora, tem paciência e fala devagar, e com as meninas Tonka e Marjana, que evolução a minha!

Resolvemos ir descansar e Mirko nos levou para o hotel. Meu irmão Angelo estava visivelmente feliz, com um sorriso largo no rosto, que há muito tempo eu não via.

Aquele era meu irmão de tempos de outrora, de quando éramos jovens, de coração puro e alma leve, que tanto admiro e amo, que saudades! Lembrei de meu pai mais uma vez e fiquei bastante emocionada e muito feliz.

Eu estava meio tonta por causa do burburinho da conversa em três idiomas, não é nada fácil, e também não estava lá com minha saúde muito boa e não quis abusar, aliás fiz esta viagem pois afinal não poderia perder esta oportunidade, e não me arrependi um segundo se quer.

Após um passeio noturno de quase 40 minutos por Imotski, finalmente o primo nos deixou no hotel, e combinamos com ele de que ficaríamos mais um dia pelos lados do hotel e que iríamos para Split só na terça-feira, e ele ficou de avisar o Ivan e o Mirko Karin.

Apesar do cansaço, acabei acordando bem cedo e enquanto meu irmão ainda dormia, fui à varanda e fiquei apreciando a vista. Do lado esquerdo o sol estava saindo por detrás da montanha, um pouco à frente avistava-se a saída do vale, bem à minha frente e seguindo até onde a minha vista alcançava à minha direita estava a montanha Biokovo, e do ponto mais alto pode-se avistar em dia claro os contornos da península itálica, as ilhas de Brač, e de Hvar e a península Pelješac.

O vale com sua fertilidade explodindo em cores variadas como um arco-íris, e nesse momento único e inesquecível, lembrei-me de um sonho que tive há muitos anos. Era como se esse sonho estivesse-se desdobrando à minha frente. Vi-me andando numa plantação de trigo, acompanhada de um rapaz, pessoa essa muito familiar. Éramos muito jovens, vestidos estávamos com aquelas túnicas gregas, corríamos entre a plantação e ríamos muito. Consultando alguns entendidos em sonhos deste tipo, me disseram que esse rapaz era meu irmão. Então, senti um calor inexplicável aquecendo todo meu corpo e uma alegria contagiante, que há muito tempo não sentia. A sensação era a de que aquele lugar era meu conhecido de triscas eras, como se ali já havia sido minha terra, minha casa, meu verdadeiro lar, lugar este onde estavam fincadas minhas verdadeiras raízes, e meu coração bateu mais forte, meu rosto ruborizou e aquela alegria contagiante tomou conta de meu ser, transformou-se em muita emoção incontrolável, e não resisti às lágrimas que inundaram meus olhos e escorreram pelo meu rosto. Então agradeci a Deus e ao meu irmão, por terem sido tão bons para mim, por aquele presente maravilhoso que estava recebendo.

Todos os problemas, as dificuldades graves e muito sérias pelas quais estava passando, tanto materiais quanto de saúde e emocionais à época desta viagem, dissiparam-se, e só restou a felicidade e a certeza de que apesar de tudo que ainda teria de enfrentar após voltar ao Brasil, iria superar, era só eu confiar e não perder a esperança de dias melhores.

Que apesar das intempéries pelas quais estava passando, esse momento era maior do que qualquer outra coisa, que o bem ou o mal apenas fazem parte de nosso aprendizado, de nosso crescimento para nos tornarmos pessoas melhores, quer no passado, presente ou futuro, e de que na verdade tudo está correlacionado e que o tempo não passa de um piscar de olhos, assim como nossa jornada, e de que nada, absolutamente nada acontece por acaso.

De uma coisa tenho certeza, jamais esquecerei esse momento, o que recordei, o que senti, ficou marcado para a eternidade em meu coração, e assim nasceu um grande amor. Hoje me considero brasileira por nascimento, mas com certeza a Croácia é meu grande amor, se pudesse escolher e renascer novamente em outra parte do planeta, a minha escolha seria com certeza a de renascer na Croácia - Ljubim Hrvatsku, Amo a Croácia.

Finalmente, meu irmão acordou, não lhe contei nada, pois além de ser agnóstico é cético, achei melhor guardar na memória o que vi e senti, e acabei registrando nesses escritos para compartilhar com todos que irão lê-los, o quão são profundas nossas memórias, o quanto estão encarceradas nas profundezas de nossa alma, e que às vezes eventos externos fazem com que elas transbordem nosso subconsciente e num piscar de olhos descortinam-se na nossa realidade atual, fazendo-nos pensar sobre quem éramos, quem somos e no que poderemos ser.

Após nos arrumarmos fomos tomar o café da manhã. O primo Ivan veio nos buscar juntamente com sua filha Maša, a qual estuda línguas em Zagreb, e ela foi eleita nossa tradutora oficial do dia. Ivan só fala croata e Mirko só poderia nos encontrar mais tarde devido a seus afazeres como advogado, afinal era uma segunda-feira, já Ivan é construtor e após ter determinado os afazeres a seus trabalhadores pôde ser nosso guia, e fomos então fazer um passeio turístico por Imotski, desta vez um passeio diurno.

Fomos conhecer o rio Vrljika, que significa estaca. Lá existe um moinho o qual é secular, movido por uma roda d'água, é todo de pedra e até hoje ainda é utilizado para moer o trigo e preparar a farinha. Vimos as plantações de videiras, macieiras, o gado, de vários sítios de pequeno porte, que havia à beira da estrada.

Conhecemos também a catedral Zelena Katedrala – Vrljika, catedral verde, a qual fica num bosque e só tem a parede da frente com um arco de entrada e as pilastras de sua demarcação, não há paredes, nem teto, é muito diferente.

Então, nos dirigimos ao centro, conhecemos a igreja Crkva Sveti Frane, igreja de São Francisco, a qual foi construída de 1861 a 1904 em estilo de basílica romana com três naves, toda de pedra local. Na década de 1990, a torre foi aumentada em mais uma seção e internamente possui cinco altares, o principal foi construído em mármore de Carrara.

Atrás da igreja tem um museu, que foi aberto especialmente à nossa visitação, que prestigio, não é? O Angelo deixou uma nota em reais numa coleção de dinheiro deles, já que não havia dinheiro brasileiro, e quem diria que algum dia faríamos uma doação para um museu!

Próximo dali, fica a praça Trg Matice Hrvatske, praça do patrimônio da Croácia e tem a estátua de Tin Ujević um poeta croata muito famoso. Por lá tomamos um café, encontramos com Mirko, já que ele e Ivan possuem casa nas imediações dessa praça, que fica bem no centro de Imotski. Fomos então para outro ponto turístico Tvrđava Topana, fortaleza Topana, local onde a cidade começou.

A fortaleza aparece pela primeira vez no século X e ao longo da história teve um significado extremamente estratégico. A padroeira da região de Imotski é Gospa od Anđela, Nossa Senhora dos Anjos, data que é comemorada em 2 de agosto, e a igreja com o mesmo nome está localizada nas proximidades da fortaleza e foi construída em 1717. A fortaleza esteve sob domínio turco por mais de 200 anos. Hoje, esta fortaleza é um mirante favorito, e no verão acolhe vários eventos culturais.

Em torno da fortaleza gradativamente foi construído um vilarejo e a cidade, no século XIII e XIV. A fortaleza recebeu o nome de uma torre especial com plataforma para canhões, na terminologia militar conhecida como topana. Topana em turco significa fundição ou armazenamento de canhões.

A Fortaleza de Topana está localizada acima de Imotski, nas falésias íngremes entre o Lago Azul e o estádio de futebol Gospin dolac. Tem uma forma irregular, a qual segue a forma do desfiladeiro sobre a qual foi erguida, com cerca de 40 metros de comprimento. Foi edificada em vários níveis, e os visíveis vestígios datam do século XIV ao início do século XVIII, com isso estando as camadas anteriores preservadas arqueologicamente.

A fortaleza foi construída sobre as ruínas de uma muralha pré-histórica bem como ilíria. Durante os trabalhos na fortaleza nos anos 1980, foi encontrada uma pilastra de pedra com uma cerca de junco densamente entrelaçada, do início da Idade Média, dos séculos IX e X, a qual hoje é mantida no Zavičajni muzej, museu da Terra Natal, em Imotski, portanto, presume-se que a fortaleza foi construída na época do príncipe croata Trpimir, nos anos de 845 a 864. Os turcos conquistaram Imotski e Topana no final de 1493, quando a cidade se tornou a sede do distrito do tribunal turco. Topana era a fortaleza turca mais importante em Zabiokovlje e podia acomodar uma tropa de 400 a 500 soldados. O forte era comandado por dizdar, o comandante do forte. Em 1717, ficou sob o domínio veneziano. Nesse dia em 1717, o exército veneziano libertou a região de Imotski após quase 230 anos de domínio turco.

Conhecemos o Modro Jezero, é deslumbrante, e no lago estão as cavernas Golubova, Vilinska, Boškova, Rakina e Škampina, e seu nível de água durante o ano flutua consideravelmente, de forma que não são raros os anos quando seca totalmente. Nesses casos, no seu fundo joga-se uma partida tradicional de futebol. Durante os meses de verão, geralmente tem água suficiente de forma que se pode encontrar muitas pessoas que tomam banho de sol e se banham, e não é incomum que pratiquem diferentes esportes aquáticos. Uma especial atenção é dada à qualidade da água e à limpeza das praias.

O penhasco é muito alto de dar vertigem, onde fazem escaladas, inclusive o próprio Ivan disse-nos que quando jovem escalou várias vezes estes penhascos. Mirko confirmou a história do canhão que delimitou a fronteira. E para finalizar, visitamos também o Monumento à Liberdade.

Na foto a seguir, o homem de camisa clara é meu irmão, acompanhado pelos primos Mirko, Ivan e Maša, e eu estou tirando a foto. Esse é o Monumento à Liberdade, aos soldados mortos, nele está a história gravada do lugar.

Fomos para a casa da tia Tonka, onde nos aguardavam para o almoço.

Ah, o almoço! Nesse momento nos lembramos de quando éramos crianças e dos costumes que ainda eram utilizados. Antes do almoço foi-nos servido vinho, suco de ameixa, uvas, presunto defumado e queijo, tudo produzido por eles. Depois tomamos uma sopa à base de caldo de carne bem rala, com uns fiapos de macarrão feitos em casa, tal qual nossa avó Ana Fila fazia aqui no Brasil. O prato principal foi batatas, cenouras que foram cozidas no caldo da carne e repolho, e nos disseram que comem isso todo dia e aos domingos fazem carne de vitela ou frango assado, e em dias de festa carneiro. Realmente nossos avós maternos, Nikola e Ana, no Brasil tinham este costume diário também.

Perguntaram o que comíamos no Brasil, e ficaram admirados quando falamos que na maior parte do país, o prato típico é o arroz, feijão, salada e bife de boi, acompanhado de ovo frito. Explicou Angelo que é apelidado de zoião, grande olho, e eles em croata disseram veliko oko, exclamando: já que tínhamos que ser trilíngues, e então todos rimos e nos entendemos.

Após o almoço chegaram outras tias e ficamos meio perdidos, outra seção de choradeira, e não entendemos quase nada do que explicavam. Mirko foi embora, Maša se destituiu da função de tradutora, pois ela já estava no "fim da picada". Alias, como eu e o Angelo sempre falávamos isso, ela ficou curiosa em saber o que significava, já que até já falava "fim da picada". Então coube ao Angelo explicar em inglês, e assim o fez e foi uma explicação bem engraçada, disse a ela para imaginar uma pessoa perdida numa floresta com um facão na mão, e esta pessoa tentando abrir caminho através da densa floresta, quando conseguisse chegar a algum lugar que muitas vezes nem saberia dizer que lugar seria este, e encontrando-se extremamente exausta, seria o fim da picada. Maša pareceu que entendeu, então rimos novamente, afinal, fim da picada nada mais é que o fim do caminho, o ponto além do qual já não se pode ou não se quer avançar.

Meu irmão perguntou se ela gostaria de continuar os estudos em outro país, como por exemplo nos Estados Unidos, ou conhecer outros lugares, e ela nos respondeu dizendo que não. Que quer se formar em línguas e voltar a morar em Imotski, pois acredita que lá é o melhor lugar do mundo para se viver. Gostamos do que ela disse, e com certeza deve ser mesmo um bom lugar para se viver. Eu mesma tive muita vontade de aceitar o convite deles e ficar por lá, se pudesse eu faria. Se resolver voltar para lá um dia desses, depois que me aposentar, poderei conversar com ela em português e quem sabe ela me dar aulas em croata.

Mas, voltando ao nosso novo encontro desta segunda-feira, conhecemos a Neda, filha de Ruža, irmã de minha avó Ana, mãe de meu pai, e com a Nada chegou também outra prima, Miranda, filha da Neda, à qual fala bem inglês, pois morou seis anos no Canadá, seu marido Ivica e sua filhinha Paula, que parece uma bonequinha loira de olhos muito azuis, com cerca de uns dois anos de idade. Passou então à ela a função de tradutora do dia, nossa salvação. Ficamos todos ao redor de uma mesa enorme no jardim, tomando vinho, suco, comendo uvas, queijo e presunto, conversando e rindo.

Ganhamos então, dois presentes, um par de meias de pura lã, do tipo que usam no inverno, e uma típica bolsa chamada Zovnica, feita com lã, bolsas que os padrinhos confeccionam e que são muito coloridas, lembram aquele artesanato peruano, e as dão aos noivos no dia do casamento. Uma era de minha tia Tonka e a outra da Nada, E estavam guardadas à mais de cinquenta anos! Vejam quanta honra!

Elas ficaram visivelmente emocionadas, como se não acreditassem que estávamos lá, que tínhamos vindo de tão longe para conhecê-los, Foi uma tarde muito gostosa que passamos junto àquelas pessoas que fazem parte de nossa família também.

Após nos despedirmos de todos, fomos para casa da prima Mara, aquela que é professora, e lá conhecemos um de seus filhos, um adolescente com cerca de quinze anos. Mara foi ajeitar algo para comermos, sabe como é visita de família em qualquer parte do mundo, tem que comer na casa de todos para não fazer desfeita.

O garoto olhava para nós e ria, coisa de adolescente! O primo Ivan e a Maša discutindo em croata com ele para se comportar melhor, e ele continuava a nos olhar rindo. Mas ele tomou um susto, aliás todos, pois não sei o que me deu, e perguntei em croata: "Što? On je lud?", "O quê? Ele é louco?". Todos pararam e me olharam admirados, inclusive ele, e aí Maša deu uma bela bronca nele, a partir daí começou a se comportar e conversar adequadamente. Angelo ficou admirado e perguntou o que eu tinha falado, expliquei-lhe e todos acabamos rindo muito.

Mara e o marido vieram ao nosso encontro, conversamos um pouco, ela também nos deu presentes e me convidou para morar em Imotski, que eles me ajudariam e me ensinariam a língua. Adorei a idéia e vou pensar no caso.

Fomos para a casa de Ivan, aquela que ele tem no centro da cidade. Já estava escurecendo e assistimos um pouco de televisão, claro, ficamos meio por fora, deslocados.

Ivan nos serviu rakija, é uma aguardente de ameixa preta, diferente da pinga brasileira no sabor e no teor alcoólico, o qual é bem maior do que na pinga brasileira, por isso desse rasgando e esquenta tudo.

Bebem bastante água gaseificada, por isso entendi porque meu pai adorava este tipo de água, mais uma lembrança dos costumes.

Despedimo-nos de todos e Ivan nos levou à casa de Mirko, que é próximo da sua casa. Deu-nos alguns postais e um livro de poesias típicas de Imotski. Serviu-nos outro tipo de licor chamado Orahovac, à base de nozes, que era delicioso, e lembra aquele licor de nozes muito apreciado pelos italianos e bem conhecido no Brasil chamado Nocello, porém este licor croata que tomamos é originário de uma das ilhas do Adriático chamada Hvar e é o pai dele que o traz de lá.

Os dois nos levaram até o hotel, e lá nos despedimos. Mas ao me despedir de Ivan, não sei o que me deu, abracei-o como se estivesse me despedindo de uma pessoa muito querida, à qual há muito tempo não via, e acabei chorando aos prantos e soluçando convulsivamente, como se fosse uma criança agarrada a ele, pois invadiu-me um sentimento de saudade imenso. Senti a presença de meu pai ao meu lado, pareceu-me ter visto na penumbra daquele saguão a sua silhueta, de como ele era quando jovem e sorrindo, transmitindo paz e felicidade. A sensação era a de que meu pai o estivesse abraçando por meio de meu intermédio, e estendendo aquele abraço afetuoso na despedida a todos da família, deixando um recado de amor e ternas saudades, foi mesmo muito emocionante.

Mirko, Angelo e o próprio Ivan ficaram paralisados sem entender nada, foi uma emoção muito grande e incontrolável que veio do fundo de meu coração, de minha alma e será outro momento inesquecível. Depois que eles foram embora, fomos descansar, tínhamos que acordar cedo e teríamos mais um longo dia pela frente, pois voltaríamos para Split, nossos primos nos aguardavam lá.

Levantamos bem cedo e antes de irmos embora demos uma boa olhada ao redor, com o sol saindo por detrás da montanha, invadindo o vale de Imotski com seu calor e seus raios dourados. Estava coberto por uma fina névoa que flutuava à certa altura, tornando assim a paisagem ainda mais bucólica, trazendo a recordação dos fortes sentimentos que havíamos vivenciado nestes poucos dias em que passamos por estas paragens, e tenho certeza que ficarão registrados para sempre em nossas memórias e coração. Imotski živi u mom srcu, Imotski mora em meu coração

Saí de lá com uma certeza, são pessoas muito simples como nós, que resguardam seus costumes, amam a sua terra natal de forma evidente e continuam amando aqueles que partiram dela, pois ainda permanecem vivos em suas memórias.

Tanto os mais velhos quanto os mais jovens, são muito alegres, receptivos e comunicativos, gostam de conversar e contar histórias, da sua terra e da família, como meu pai e avós e outros familiares faziam, sempre com aquele gosto de ternas saudades.

Espero que tenhamos deixado a eles boas lembranças e que possamos retornar quem sabe mais uma vez para este lugar lindo e para estas pessoas muito especiais, que tivemos a oportunidade e a felicidade de conhecer nestes dias de nossa viagem aventureira por estas paragens.

Tios e primos na casa de tia Tonka

Antes de darmos continuidade à nossa viagem, é preciso escrever sobre meu pai. Até hoje os soldados croatas, especialmente os de Imotski são considerados grandes guerreiros e todos os admiram, e até o grande Napoleão já havia dito isso publicamente.

Meu pai é considerado um herói pela família e amigos, um símbolo da resistência contra o comunismo. Nasceu em Drum, condado de Kamenmost, em 15 de janeiro de 1926. Seu nome de batismo é Božidar Evaletin Perkušić, pai Ante Perkušić e mãe Ana Dodig, e tinha quatro irmãos Zlata, nascida em 1914, Tone, infelizmente não tenho a data de nascimento, Jure, em 1927, e Tonka, em 1933.

Meu avô Ante infelizmente faleceu de uma doença muito severa, câncer na garganta, mesmo tendo sido submetido a uma cirurgia e tratado na Bélgica em 1943.

O irmão de meu pai, Tone, era do exército croata e em 1944 foi capturado na cidade de Makarska, Dalmácia, por partisans, que são membros de uma tropa irregular formada para se opor à ocupação e ao controle estrangeiro de uma determinada área, e sem julgamento assassinado em 1945, juntamente com outros soldados e onze padres, pois todos eram contra o comunismo, história essa relatada pelos dois primos, Ivo e Nikola.

Meu pai saiu de sua amada pátria com a 3ª diáspora croata a qual ocorreu por razões políticas. Diáspora significa o deslocamento, normalmente forçado ou incentivado, de massas populacionais originárias de uma zona determinada para várias áreas de acolhimento distintas.

Meu pai fazia parte da Guarda Nacional, chamada Domobranstvo, e foi capturado pelos partisans, feito prisioneiro e forçado a trabalhar com munições. Na limpeza de campos minados, durante o transporte de explosivos, foi ferido na perna, tratado em Liubliana, capital da Eslovênia, e depois transferido para Zagreb, na Croácia. Conseguiu fugir e foi para a Itália, depois para a Bolívia e finalmente para o Brasil. Desembarcou no porto de Santos em 25 de maio de 1955.

Tão jovem, com a carne, a alma e o coração dilacerados, longe de seus entes queridos, por causa da intolerância de seus próprios conterrâneos.

Na Itália os americanos queriam que meu pai voltasse para fazer espionagem, mas ele não quis, foi para Bolívia, onde trabalhou nas minas de carvão da Bolívia até chegar ao Brasil, e assim se tornou um refugiado de guerra.

Depois de um tempo no Brasil, numa festa da comunidade eslava na cidade de São Paulo, conheceu a minha mãe Angelina, gostaram-se, casaram-se na cidade de Suzano em 28 de junho de 1956. Naturalizou-se brasileiro em 13 de junho de 1975, adotou o nome abrasileirado de Boris Perkusich Dodig, erradicou-se em Suzano, trabalhou um tempo numa antiga fábrica hoje já extinta, a Fongra, e depois de algum tempo rumou para as atividades do comércio.

Sempre sonhou em voltar para sua querida terra e reencontrar seus familiares, seus entes queridos e amigos, mas como o regime comunista durou muitos anos isso não foi possível.

Ficou com sequelas na perna, uma ferida que nunca fechava, durante anos a tratou, até que teve de amputá-la, pois teve uma osteomielite, passando a usar perna mecânica. Entretanto isso não o impediu que continuasse sendo um lutador, um verdadeiro desbravador, apesar de seus altos e baixos.

Também teve sequelas psicológicas, e durante anos sofreu com pesadelos em relação à guerra e todas as atrocidades que ela trás e as vivenciou, mas nunca esqueceu o amado país, afinal lá ficaram todos aqueles que eram queridos, amados.

Quando contava suas histórias era sempre com emoção e alegria, tinha um sorriso lindo, um moreno muito bonito. No Brasil frequentemente achavam que ele era turco, tanto é que o apelidaram de o Turco.

Minha mãe com características diferentes, quando jovem tinha os cabelos loiros e os olhos azuis e a pele bem branca, assim como seus pais e toda família de meus avós maternos.

Ele gostava de cantar em croata e em italiano, adorava as músicas italianas, Rita Pavone, Sérgio Endrigo, filmes italianos e de faroeste americano, gostava de passear sempre, e toda vez que podia levava a mim e o meu irmão para as reuniões da comunidade croata em São Paulo, a Associação Croatia Sacra Paulistana, chamada de Dom, lar, localizado no Jabaquara. Curiosamente, minha irmã Nina e a mãe foram raríssimas vezes.

Nunca mais voltou para a Croácia, pois havia formado uma família no Brasil, e tinha medo de ser assassinado por causa de sua militância, pela polícia secreta de Marechal Tito, que perseguia os anticomunistas implacavelmente, tanto dentro como fora da antiga Iugoslávia. Muitos familiares e amigos croatas morreram por causa do patriotismo, pelo amor à Croácia e isso é algo que fica marcado para sempre.

Não vou falar sobre a morte dele, pois continua vivo, já que muitas vezes sinto sua presença em meu pensamento, em meu coração ele estará vivo sempre!

Nas duas fotos pai Boris com a capa clara e amigos refugiados, na Itália

Pai Boris na Itália, o primeiro sentado à direita da foto, com refugiados croatas

Eu no colo do pai Boris, tinha uns três anos. Foto diante do monumento A Independência, no Museo do Ipiranga, em São Paulo, com amigos croatas da Associação Croatia Sacra Paulistana

Pai Boris com a bengala, com frei Ivo e amigos croatas da Associação Croatia Sacra Paulistana

Pai Boris e mãe Angelina no dia de seu casamento, em Suzano, São Paulo

Continuando a contar sobre a viagem, voltamos pela estrada federal A1, passamos por várias cidades, algumas pequenas, outras maiores na zona rural interiorana, até chegarmos à Split, e desta vez não erramos o caminho. Encontramos Željka próximo a um Shopping, fomos para sua casa, que fica próximo ao porto, guardar as malas. Ficamos de nos encontrar com Mirko Karin, as crianças Tonka e Borna, Ivica e sua esposa Smiljana, adivinhem onde: no Palácio de Diocleciano, onde, passeamos bastante com meus primos, e fomos depois jantar num restaurante perto do porto, foi outro momento muito agradável junto com meus primos.

No dia seguinte saímos com Ivica, o qual trabalha como guia turístico, e, para minha surpresa, fomos novamente ao palácio de Diocleciano. Andamos mais uma vez por todos os cantos do palácio, e Ivica explicando-nos os lugares.

Mas sempre aprendemos algo diferente, Ivica nos disse que esse palácio possui quatro portões de acesso. O principal onde tem uma estátua enorme de uma figura importante da história croata, Grgur Ninski, já o portão ocidental, o oriental e um menor à frente do palácio, eram de ouro, prata, bronze e ferro. Hoje existe um enorme calçadão com coqueiros, muitas mesas, cadeiras, enfim um lugar muito bonito e agradável, com muitas lojas, bares, restaurantes.

Após o passeio, fomos para a casa do Ivica, já que sua esposa nos aguardava para o almoço, e foi mais um dia bem agradável. Meu primo nos disse que também temos primos em Makarska, uma cidade litorânea depois de Podstrana, mas essa cidade conheceremos numa outra oportunidade, pois nosso tempo de permanência já estava se esgotando, e no dia seguinte retornaríamos à Zagreb, onde iríamos conhecer outros primos.

À noite ele nos levou a pé à casa de Mirko, onde estávamos hospedados, pois é bem perto. Ambos moram próximo ao porto, e do apartamento de Mirko, da sacada temos uma bela vista do porto.

No dia seguinte saímos com Mirko pela manhã, e levou-nos numa praia próxima do hospital onde trabalha. Foi a primeira praia na Croácia que conhecemos com areia, pois a maioria delas são de cascalho. Pela hora do almoço fomos para a casa dele e Željka, a qual já havia preparado um belo almoço. Realmente ela caprichou, de entrada tinha sopa de tomate, depois arroz negro com lula e camarão frito. Foi muito engraçado comer o arroz feito com tinta de lula, pois deixava a nossa boca toda preta, dentes, língua, e para finalizar strudel de maçã, muito bom. Após o almoço, Mirko foi antes de nós para Zagreb, pois tinha uma reunião de trabalho e ficamos de nos encontrar à noite. Mais tarde Ivica veio ao nosso encontro, disse-nos que da próxima vez que viéssemos para a Croácia poderíamos ficar hospedados em seu apartamento, pois tem acomodações para nós na casa dele. Ficamos mais uma vez lisonjeados com o convite, agradecemos e nos despedimos de todos. Novamente com muitas emoções aflorando.

Eu, Tonka, Željka, Mirko e Borna, em almoço de despedida, em Split

Pegamos a estrada novamente, e no caminho notamos que a paisagem já estava mudando. Estava mais frio e as folhas das árvores começavam a amarelar. Pena que perdemos a oportunidade de conhecer os Lagos de Plitvice, que ficam a caminho de Zagreb e próximos da estrada federal A1. Fica para uma próxima vez.

Ao anoitecer chegamos à capital e nos dirigimos ao Hilton Hotel, no centro de Zagreb, onde ficamos hospedados. Encontramos com Mirko e outro primo, Zvonko, e mais uma vez o choro tomou conta de todos. Ficou combinado que Mirko viria no dia seguinte lá pelas nove horas nos buscar, para conhecermos o restante da família. Já era noite, e percebemos que Mirko ficou bastante emocionado ao se despedir tal qual nós, e eu senti aquele nó na garganta, tão difícil de segurar a emoção, já que foi muito emocionante tudo que passamos em Split e Imotski, e com certeza ficará registrado em nossas memórias para sempre. Fomos então para os quartos dormir, afinal tinha sido outro dia de muitas emoções.

Em Zagreb, no Hilton Hotel, eu, Mirko e Zvonko

Como combinado, no dia seguinte pela manhã após o café, Zvonko veio nos pegar e fomos conhecer outros familiares, após passearmos pelos arredores de carro, passando por algumas construções históricas importantes, como Botanički Vrt, Jardim Botânico, com 4,7 hectares, que, junto à Faculdade de Matemática, expressou a necessidade de estabelecer um jardim botânico em Zagreb em 1876.

O ano de 1889, quando foi feito o esboço, é considerado o ano da fundação do Jardim Botânico, e o prof. Heinz seu fundador. Os trabalhos de paisagismo começaram em 1890. Naquela época, foi construída uma estufa, hoje edifício da diretoria, e o jardim era cercado por uma cerca de madeira, que mais tarde foi substituída por uma cerca ornamentada de ferro. As primeiras terraplenagens começaram em 1891 e o primeiro plantio em 1892. Já no final desse ano o jardim brilhava com todo o esplendor: tinha também lagos, morros artificiais, pontes, até grutas artificiais. Hoje tem aproximadamente 10 mil espécies de plantas do mundo todo.

Fomos também a outros lugares interessantes, aos quais meu primo nos indicou para conhecer, tais como, o parque Maksimir cujo arranjo começou com a decisão tomada em 1787 pelo recém-nomeado Bispo de Zagreb, Maksimilijan Vrhovac, de converter a vasta floresta na propriedade do bispo, entre a floresta em Medvednica e rio Sava, em um grande parque. É o primeiro parque público do Sudeste Europeu e um dos primeiros do mundo. Na época de sua fundação, foi uma das conquistas mais importantes do parque da então monarquia austro-húngara. Até então, apenas parques privados, inacessíveis ao público, eram erguidos ao lado de castelos nobres e residências reais.

Sua superfície é de 316 acres, e abriga muitas plantas e espécies animais, além da preservada centenária floresta de carvalhos. Além da floresta, no parque Maksimir tem prados, lagos e riachos.

Dentro do parque Maksimir fica o Zoološki Vrt, Jardim Zoológico, cuja área é de 7 hectares com lagos e 5,5 hectares de terra, e possuiu por volta de 280 tipos de animais e 2.300 exemplares.

Visitamos também os parques Zrinjevac, Opatovina, com seis jardins, Ribnjak, com 40.000 metros quadrados, bem como os lagos Jarun e Bundek. Conhecemos o rio Sava e o seu longo o calçadão para caminhada, bem como na margem sul, na chamada Nova Zagreb, os pequenos lagos que parecem oásis dentro da cidade.

A cidade de modo geral é bem organizada, sinalizada e limpa, bastante arborizada e sem pichações.

Fomos para o outro lado da cidade e conhecemos a prima Jadranka, que tinha cerca de 50 anos, o seu filho Kristijan, com cerca de 25 anos, e a tia avó Nevenka, com 80 anos, esposa do falecido irmão de meu pai, chamado Jure. Conhecemos a casa onde moram, e fomos então a outro passeio com Jadranka, ao cemitério público Mirogoj.

E preciso dizer, que cemitério! Este sim, um cemitério magnífico! Em toda minha vida não poderia imaginar que no mundo poderia existir um cemitério como esse.

Mirogoj é bem diferente daquele de Imotski, é enorme e fica junto ao monte Medvednica, aproximadamente a 4 quilômetros do centro de Zagreb, com 72,4 hectares de área, 60 mil túmulos, concebido pelo arquiteto Hermann Bollé, nascido na Alemanha, mas desde 1876 veio morar na Croácia, onde também faleceu. É um dos maiores cemitérios-parque da Europa e considerado um dos mais bonitos, verdadeiro museu a céu aberto, inaugurado oficialmente no ano de 1876.

As arcadas foram construídas entre 1879 e 1917, são 77 grandes e 69 pequenas, 12 cúpulas grandes e 5 pavilhões pequenos. Com uma Capela, a do Cristo Rei, a qual foi construída entre 1926 e 1929. Possui alamedas com frondosas árvores, arcadas, pavilhões com cúpulas renascentistas todas pintadas à mão.

Fomos visitar o túmulo de nosso tio Jure e de alguns conhecidos da família, também fomos visitar a parte onde estão enterrados os soldados que lutaram na última guerra, são só cruzes de mármore negro a perder de vista, é de arrepiar e muito triste, como em toda guerra.

Voltamos para a entrada e andamos, muito mesmo, percorrendo as galerias com suas cúpulas enormes, todas artisticamente pintadas à mão. É tudo grandioso e emana uma energia de arrepiar os cabelos, deu até para sentir, um dos lugares mais impactantes pelo qual passei. Com certeza, magnífico. Vale a pena a visita.

Corredores das cúpulas das domas, onde estão sepultadas os croatas mais importantes

Vista externa das cúpulas

Jadranka foi para casa providenciar o jantar e nós fomos com Zvonko almoçar em sua casa, onde conhecemos sua esposa Biljana, seus filhos Mislav, na época com 19 anos e Domagoj, com 25 anos, corredor de moto profissional, até já foi o segundo melhor corredor da Croácia, e participa até hoje de competições, com seu irmão o acompanhando sempre.

Almoçamos e conversamos sobre o Brasil e a Croácia.

Achamos curiosa a porta de entrada da casa deles, que era na verdade a porta de um cofre, e lhe perguntamos o porquê. A casa dele parece um forte com janelas estreitas e paredes grossas, e ele nos disse que era para proteção por causa da guerra.

Fomos então conhecer a sua loja de motos e peças, inclusive os dois filhos dele também trabalham com conserto de motos. Lembrando, a casa fica em cima da loja, num bairro típico nos aos arredores da cidade de Zagreb.

Ao final da tarde Zvonko nos levou à casa de Jadranka, onde conhecemos seu esposo Stjepan, o filho Kristijan também estava lá e a avó Nevenka.

Nos apresentaram o primo Zlatko, sua esposa Spomenka, filha Anita, mas seu irmão Ante não estava presente.

Jadranka, Zvonko e Zlatko são irmãos.

Mais tarde chegou a esposa de Kristijan, Nikolina, só faltou conhecermos irmã de Kristijan, que coincidentemente tem o mesmo nome de sua esposa.

Novamente comemos e bebemos, serviram vinho e rakija, e confesso a rakija não consegui beber, mas dei alguns golinhos só para disfarçar, porque é forte demais. A prima serviu naqueles copinhos de licor e eles, como todo bom apreciador de bebida forte, viravam de uma vez. Apesar de ser o modo certo para se tomar, para os não acostumados, parece uma bomba de fogo explodindo no estômago.

Conversamos por horas diversos assuntos, sobre o Brasil e a Croácia, pois eles estavam muito curiosos, como todos até agora, compreensível.

Jadranka muito gentilmente convidou-me para vir morar por uns tempos na casa dela, como os outros, disse que tinha lugar para eu ficar e que me ensinaria a língua croata. Mais um caso a se pensar, realmente o convite é tentador.

O primo Zlatko deu-me um velho dicionário de conversação em Italiano e croata, e até conseguimos trocar meia dúzia de palavras em croata, além disso também nos deu um boletim escolar de meu pai, o qual estava guardado como uma relíquia. Acredito que acharam importante que ficássemos com o boletim como uma lembrança.

Mais uma vez foram momentos muito alegres e felizes e apesar de não poder me comunicar com eles, era visível a felicidade que sentiam com a nossa presença, com a nossa visita a suas casas, conhecendo mais uma parte de minha família, de meu pai.

Depois de muita conversa, já bem tarde Kristjian e Nikolina levaram-nos de volta ao hotel, e ficou combinado que no dia seguinte, Jadranka, Anita e sua mãe Spomenka, iriam nos levar a um passeio ao centro histórico de Zagreb.

Nikolina, Anita, tia Nevenka, Spomenka, Stjepan, Jadranka, Kristijan, eu e Zlatko
(Como se percebe, não somos muito bons fotógrafos)

Como combinado, nos encontraram bem cedo Jadranka, Spomenka e Anita que seria nossa tradutora oficial, já que a mãe dela e sua tia só falam croata, e passeamos por todo o centro histórico de Zagreb. Vamos então conhecer um pouco da história desta cidade.

A Zagreb de hoje cresceu a partir de dois assentamentos medievais que se desenvolveram ao longo dos séculos em duas colinas vizinhas. A primeira menção escrita de Zagreb data de 1094, quando uma diocese foi fundada em Kaptol, enquanto a vizinha Gradec foi proclamada cidade real livre em 1242. Ambos os assentamentos foram cercados por sólidas muralhas e torres, cujos restos foram preservados até hoje.

Com a unificação administrativa de Kaptol, Gradec e os assentamentos vizinhos em uma única cidade de Zagreb no ano de 1850, seu desenvolvimento acelerou ainda mais. O devastador terremoto de 1880 iniciou a renovação e modernização de muitos bairros e edifícios em ruínas. Erguem-se prédios públicos representativos, arrumam-se parques e fontes, organizam-se o transporte público e os serviços comunitários.

Pelas invasões turcas à Europa, do século XIV até XVIII, Zagreb é uma importante fortaleza de fronteira. Reconstrução barroca da cidade no século XVII e XVIII, muda a aparência de Gradec e Kaptol. Derrubam-se velhas casas de madeira e erguem-se magníficos palácios, mosteiros e igrejas. Para a riqueza da cidade contribuem numerosas feiras comerciais, receitas de propriedade e uma infinidade de oficinas de artesanato.

No século XIX a população aumentou dez vezes. O século XX traz o espírito de secessão a Zagreb. A cidade vive na abundância de sociedade civil, fortemente ligada aos então centros europeus de cultura, arte e ciência. Com o crescimento da riqueza e da indústria, a cidade desde os anos 1960 rapidamente expande o seu espaço pelas planícies ao longo do rio Sava, onde surge uma moderna cidade de negócios, pronta para os desafios do terceiro milênio.

À cidade imigraram nobres famílias ricas, oficiais reais, dignitários da igreja e ricos mercadores de toda a Europa. Abrem-se escolas e hospitais, aceitam-se os costumes culturais das capitais europeias. A cidade transcende seus limites medievais e expande sua área pela planície. Erguem-se os primeiros parques e propriedades rurais. Zagreb confirma-se como o centro administrativo, econômico e cultural da Croácia.

A prima Anita além de tradutora oficial, foi também nossa guia turística, e nos disse que a cidade está dividida em duas partes: Gornji Grad, Cidade mais elevada, e Donji Grad, Cidade mais baixa. A parte mais antiga da cidade fica em Gornji Grad, onde está Gradec, ou mais conhecido como Grič, e Kaptol, o Capitólio, de onde se tem uma vista geral da cidade. Gornji Grad é muito bonita, há muitas construções medievais de valor histórico imenso, destacando-se a Torre Lotršcak à qual foi construída para que da sua torre fosse disparado um canhão, como aviso aos moradores toda vez que havia invasores chegando, e por isso, como símbolo, até hoje ainda ao meio dia disparam o mesmo canhão. No topo da torre encontra-se uma cúpula com um mirante. Ao lado está a Torre Popov, na qual encontra-se o Observatório de Zagreb, com a cúpula astronômica e telescópio. Foi inaugurado oficialmente na ano de 1903.

Outro destaque é a Katedrala Uznesenja Blažene Djevice Marije i svetih Stjepana i Ladislava, Catedral da Assunção da Bem-aventurada Virgem Maria e dos santos Estevão e Ladislau, simplesmente conhecida como a catedral de Zagreb, e pela primeira vez menciona-se no ano de 1198. Em estilo românico-gótico, a sua construção durou até o ano de 1217 quando foi santificada. Em frente à catedral está a estátua de Mãe de Deus.

Os incêndios e ataques de inimigos mais vezes a danificaram, mas o mais duro golpe a vitimou no Grande Terramoto do ano de 1880. Após o terremoto, foi realizada uma reconstrução da base da catedral em estilo neogótico, isso entre 1880 -1906.

Em vez dos velhos túmulos dos bispos e dos nobres, construiu-se atrás do altar mor um novo túmulo para os arcebispos de Zagreb, junto a outros heróis e mártires croatas.

Também em Gornji Grad temos mais um destaque que é Crkva Sv. Marka, igreja de São Marcos, à qual já no século XIII existia. É conhecida pelo campanário e telhado multicolorido, no qual está o brasão do triplo reinado da Croácia, da Eslavônia e Dalmácia e o brasão da cidade de Zagreb.

Visitamos o maior e mais popular mercado de Zagreb, Dolac, que hoje é um dos símbolos da capital croata. Desde 1930 todo cidadão de Zagreb tem o seu produto doméstico só para si, num lugar fixo, no qual os feirantes oferecem das 5 da manhã até às 2 da tarde as melhores verduras, legumes, frutas e produtos artesanais. Dolac fica na passagem entre a principal praça de Zagreb, Trg Bana Jelačića, e o Capitólio onde está a Catedral de Zagreb. Ao norte de Dolac também fica a Praça Petrica Kerempuh, famoso personagem literário croata, onde se vendem flores, e ao norte continua até a rua Opatovina, com a venda de roupas e diversos produtos de artesanato.

Enquanto que para Donji Grad, que fica na parte baixa de Zagreb, pode se descer com um funicular, que é o mais antigo meio de transporte do organizado transporte público de passageiros em Zagreb,1891, um ano mais velho do bonde a cavalo. Tem apenas 66 metros de comprimento, é o mais curto do mundo com apenas 2 vagões. Em mais de um século de condução, não houve nenhum acidente, nenhum passageiro acidentado e, por isso, convincentemente carrega o título do mais seguro meio de transporte público.

Na área do Donji Grad estão somados os mais importantes testemunhos arquitetônicos da ascensão de Zagreb na atual metrópole da Europa Central ao longo dos últimos dois séculos. A prima Ana também nos disse que Zagreb é apelidada de cidade dos museus, pois possui o maior número de museus e galerias na Europa.

Mas, esse pequeno resumo é ínfimo perante a grandiosidade cultural desta cidade maravilhosa.

Em Zagreb a prima Jadranka fez questão de comprar vários suvenires, fomos também a algumas lojas esportivas, pois o meu irmão queria comprar agasalhos e camisetas do time de futebol croata.

Já estávamos cansados, pois havíamos andado bastante no centro antigo de Zagreb, e algumas aspectos chamaram nossa atenção, a limpeza das ruas, calçadas bem conservadas, sem paredes ou muros pichados, boa conservação de muitos prédios, a não existência de mendigos, pedintes ou moradores de rua e muito menos crianças abandonadas.

Fomos então, a uma konoba, taverna, lá nos encontrou Nikolina, filha de Jadranka, e seu filho com cerca de sete anos, e ficamos por horas tomando vinho, cerveja, comendo e conversando.

O mar Adriático é rico em peixes, mariscos e camarões, usa-se muito o azeite, ervas aromáticas como alecrim, manjerona, manjericão, noz moscada dentre outros, e os pratos são acompanhados com verduras e cogumelos. No continente saboreiam-se embutidos defumados de carne suína, peixes de rios, vegetais como repolho, couve, couve-flor, cenoura, vagem, ervilha, tomate, cebola, alho, milho.

Enfim, a culinária tradicional croata é muito rica e variada em todas as regiões do país, da Eslavônia e Baranja, passando por Zagorje e Lika, Ístria e Kvarner até a Dalmácia e o interior de Dubrovnik, é difícil destacar especialidades e pratos autóctones, os quais devem ser experimentados. Devido à sua história turbulenta e posição geopolítica, a Croácia foi exposta a várias influências, que também aconteceram na cozinha.

Nikolina, seu filho e Jadranka

*Nikolina, seu filho, Jadranka, Spomenka, eu e Anita,
na nossa noite de despedida no centro de Zagreb*

Tarde da noite nos despedimos de todos e Nikolina nos levou ao hotel.

No dia seguinte fomos para o aeroporto, e lá, Jadranka e sua nora Nikolina, despediram-se. Meu irmão Angelo e eu estendendo a todos familiares o desejo de retornar a vê-los em breve, com muitas saudades desde já, e assim nos despedimos da Croácia e de nossa família croata.

Terminou dessa maneira a minha e do Angelo viagem à Croácia. Foram quinze dias maravilhosos, que nem sentimos passar, e trouxemos com certeza muitas alegrias e saudades desse lugar que é o berço de nossa família.

Para finalizar, uma curiosidade, houve um tempo em que houve rumores na família, que éramos descendentes de nobres, quem dera fossemos mesmo, mas de acordo com a história contada por minha avó materna, o mais próximo que algum familiar chegou de alguma personalidade de sangue "azul" foi nosso tataravô ou bisavô de minha mãe, quando foi cocheiro de um Duque, provavelmente de referência Polonesa, já que eram dessa origem.

Somos descendentes de pessoas simples que viviam no campo tirando a sua subsistência da terra.

Será que no fundo a nobreza das pessoas não é exatamente essa, estar em contato com a mãe Terra e saber usufruir o melhor fruto que ela pode nos oferecer, respeitando-a?

Pude sentir e perceber isso, bem como reviver os tempos de outrora quando éramos todos unidos e felizes, nestes poucos dias que estive com Angelo na Croácia conhecendo parte de nossas origens.

CONCLUSÃO

Iniciarei a conclusão com uma frase que ouvi num filme e que vai de encontro aos meus pensamentos e ao que escrevi até o momento:

"Tudo está muito mais conectado, do que parece à nossa imaginação"

Há aqueles que cultivam, adoram, orgulham-se e amam suas raízes, querem e desejam profundamente buscar e manter um relacionamento entre si, mesmo depois de tantos anos de distanciamento e separação. Não importando o motivo, quer por curtas ou longas distâncias, e procuram de uma forma ou de outra manter ligado o fio dourado do amor, do respeito por seus presentes e antepassados, afinal o que seria do presente e futuro sem eles? Mesmo que achem estar derrotados em algum momento, nada acontece por acaso.

Entretanto, tudo tem seu tempo certo, seu momento mágico e único para acontecer, para o despertar das sombras, para o reencontro do caminho da luz, para que o tênue véu do esquecimento se dissipe, mesmo que seja por alguns segundos ou instantes, como o piscar de olhos. E então somos tocados por uma grande magia e inundados com a visão da eternidade, e a sensação é a de que não passamos de um grão de areia, que está conectado a um Todo maior, e que sem Ele não somos nada, apenas pó, pois não há razão, não há significado.

Assim há também muitos outros Perkušić na Croácia, no Brasil, em outras partes do planeta, que não são afetos uns aos outros. Isso ocorre, em todas as famílias, entretanto não podemos negar nem a eles, muito menos, a nós mesmos a descendência do primeiro Perkušić, a respeito do qual entre nós se teve notícias há cerca de trezentos anos, entre os séculos XVII e XVIII. Vejam só, estamos no início do século XXI, e quando chegamos à Croácia e às paragens das terras de Imotski e, pensando em toda esta história, é como entrar num túnel do tempo e poder imaginar como tudo começou, e pensar que, de forasteiros passamos a fazer parte do Todo, muito mais profundamente do que imaginávamos.

Certa vez uma pessoa disse-me, que trezentos anos faziam apenas parte de um momento nesta família, que na verdade já estamos todos correlacionados nela há cerca de treze séculos, e não duvido mesmo, depois do que vivenciei nesta curta visita à Croácia, à qual deixou marcas profundas em mim.

Talvez tenhamos que rever nossa referência sobre o tempo, deixar de pensar nele quantitativamente e nos remetermos a ele qualitativamente, aos verdadeiros momentos que nos fazem sentir que nossas referências são muito mais profundas do que imaginamos e que tudo, de uma forma ou de outra, está sempre interligado, e que nada, absolutamente nada acontece por acaso, quer queiramos ou não.

Talvez uns queiram e outros não reconhecer toda esta história, e isso é decisão individual, à qual deve ser devidamente respeitada, afinal não sabemos dos sentimentos alheios, de suas tristezas ou alegrias, de suas derrotas ou triunfos, de suas perdas ou ganhos, de seus acertos e desacertos, de suas dificuldades e de suas histórias individuais.

Alguns optam pelo esquecimento ou desligamento, e assim acabam perdendo a oportunidade de manter os laços que nos atam à família. Entretanto um dia, mais cedo ou mais tarde, perceberão a importância do todo, e então, quer queiram ou não, os laços serão reatados novamente, para que as arestas sejam aparadas e possamos nos aprimorar cada vez mais em nossa conexão com o eterno e com o caminho da evolução, às vezes trilhando pelo amor, noutras pela dor.

Contudo, tenho certeza de uma coisa, o que importa é o que foi, o que é, o que será. Não faz diferença se pelo bem ou pelo mal, se pelo amor ou pela dor; o que importa é que sempre tive, tenho e terei orgulho de ser quem sou, de descender das pessoas de quem descendo, deste povo eslavo originário da Croácia, à qual possui uma história milenar e única. O que importa é ter participado de uma forma ou de outra, num tempo de outrora ou atual, de maneira direta ou indireta desta história, deste povo, deste lugar magnífico.

Talvez tenhamos que reaprender como Fénix, um pássaro da mitologia grega, que quando morria, entrava em autocombustão, e passado algum tempo, renascia das próprias cinzas. Segundo alguns escritores gregos, o pássaro Fênix vivia exatamente quinhentos anos e no final de cada ciclo de vida, queimava numa pira funerária. A vida longa do pássaro Fênix e o seu dramático renascimento das próprias cinzas, transformaram-o em símbolo da imortalidade e do renascimento espiritual.

Então, que tal transformar-se num pássaro Fênix, o qual é capaz de nos levar a alçar vôos inimagináveis, os quais, para a nossa razão, não seríamos capazes de o fazer, enquanto que para nossa imaginação, não haveria amarras ou limites em buscar a eternidade!

Reaprender a respeitar em princípio a nós mesmos, só assim poderemos respeitar a nossa família, à comunidade em que vivemos e da qual tiramos o nosso sustento e o alento aos nossos prazeres, à sobrevivência de nossa carne e de nossa alma, portanto nesse momento dedico tudo que aqui relatei a meus antepassados, com amor.

Às vezes fico pensando quando chegará o dia em que os ricos realmente e efetivamente ajudarão os remediados, porque o que acontece hoje não passa de um faz de conta, e que isso não é amor pelo outro. Quando o forte e saudável estenderá sua mão para o fraco e oprimido, e perceber que sua fortaleza não está na força bruta, mas sim na solidariedade para com o outro. Quando o ser humano se conscientizar de que se ele explora, ele retira, ele usa os recursos naturais, também ele tem a obrigação, o dever de repôr com cautela e critério, pensando nas gerações futuras.

Estar disposto à mudança e à transformação, ao amadurecimento, ao respeito por si e pelo outro, ao amor incondicional, ao desenvolvimento do ser solidário, ao perdão por suas más ações e a dos outros, são ações difíceis e que exigem muito de nós mesmos, mas se não começarmos com nossa reforma interior e consequente mudança de atitude, o que será de nosso presente e futuro?

Aprender com os erros do passado, para não repeti-los no futuro.

Devo externar um desejo final, que a comunidade croata, bem como todas as outras, unam-se pelo mundo, e que aquele tênue fio dourado que nos liga ao Todo, se transforme num veio forte e se irradie para um mundo melhor.

"SVI SMO ZVJEZDANA PRAŠINA - SOMOS TODOS POEIRA DE ESTRELA"!

Bibliografia

Curso de Croata para Brasileiros – Estágio Intermediário – Professora Danijela Pavičić
Enciclopédia Barsa, volume 06, págs. 145 e146
Enciclopédia Barsa, volume 08, pág. 91
Enciclopédia Barsa, volume 12, págs. 15 a 24
Enciclopédia Britânica on line
Mapa Turístico de Zagreb
Um Milhão de Judeus, página 23
La Grande Histoire de La Cravate, Flamarion
A Era das Revoluções: 1789-184- Eric J. Hobsbawn, págs. 30 e 31 e pág. 162
Simpósio – Zagreb 1998 – A origem da idade iraniano dos croatas
História do mundo – a história da humanidade a um clique
Wikipédia Google
Imagens Google
www.modrojezero.org
Guia turístico da Folha de São Paulo – Croácia- uma errata deve ser acrescentada nesta publicação à pág. 41 1º § - **PRIMEIRA GUERRA MUNDIAL E NÃO SEGUNDA COMO CONSTA IMPRESSO**
Guia turístico Lonely Planete – Croácia – globo livros
Nada acontece por acaso – Richard Bach
Geosites-cultura universal
Dicionário de Geografia Grega e Romana – Willian Smith ed.LLD
Enciclopédia Conhecer
Revista - Caras
Dicionário Enciclopédico Ilustrado Larrousse
www.mentepositiva.wordpress.com
A Batalha de Sarajevo – Leão Serva – págs. 2, 67, 245, 263, 285, 286 e 287
A Atuação da ONU no Conflito dos Balcãs (1991-1995) – Ana Muñiz Álvarez –Centro Universitário de Belo Horizonte
Iugoslávia: Crônica de uma crise – Maria Estefanova Apostolova – Revista Brasileira de Política Internacional nº 37 1994, págs. 82-105
www.G1.globo.com/sites/especiais/noticias/guerra da Bósnia
Imperialismo e Guerra na Iugoslávia – Radiografia do Conflito nos Balcãs – Osvaldo Coggiola
Do desaparecimento da Iugoslávia em banho de sangue – Catherine Samary - Lisboa, revista Combate – outubro de 2006
www.combate.info/pdf/combate286.pdf
A Guerra da Iugoslávia – Sérgio Aguilar ed. Usina do livro – A terra dos eslavos do sul - Uma região de conflitos, págs. 49, 50,60, 61 e 66
Iugoslávia, Registros de uma Barbárie Anunciada – Marcos Reigota ed. EDUNISC
O Príncipe – Maquiavel
O Brasil antes dos brasileiros – A pré-história do nosso país – André Prous, Ed. Zahar

A pré-história do Brasil – As origens do homem brasileiro – Brasil antes de Cabral – Pedro Paulo Funari e Francisco da Silva Noelli, Ed contexto
Para contatos: ana.perkusich@hotmail.com
Site do Museu da Imigração – acervo digital – Lista de bordo e Registro da Hospedaria dos Imigrantes
Site FamilySearch
Site MyHeritage

Ana Perkusich

Ingram Content Group UK Ltd.
Milton Keynes UK
UKHW052107130423
420136UK00009B/75